Sandra Heinzelmann
Regie im eigenen Leben?!
7 Strategien für effektvolles Selbst-Coaching

Ausführliche Informationen zu jedem unserer lieferbaren und geplanten Bücher finden Sie im Internet unter www.junfermann.de. Dort können Sie auch unseren kostenlosen Mail-**Newsletter** abonnieren und sicherstellen, dass Sie alles Wissenswerte über das JUNFERMANN-Programm regelmäßig und aktuell erfahren.

Besuchen Sie auch unsere e-Publishing-Plattform www.active-books.de – über 300 Titel im Angebot, mit zahlreichen kostenlosen e-Books zum Kennenlernen dieser innovativen Publikationsmöglichkeit.

Übrigens: Unsere e-Books können Sie leicht auf Ihre Festplatte herunterladen!

Eine Auswahl von e-Books bei www.active-books.de:

Pásztor, Susann: „Eine Sprache des Lebens" (kostenlos)
Lemke, Edwin: „Wie mache ich eine Fantasiereise?" (kostenlos)
Birkenbihl, Vera F.: „Wissens-Quiz-Spiel©" (€ 33,00)
Beckmann, Herbert: „Die Kräfte hinter den Konflikten" (€ 15,00)
Betz, Roland: „Konfliktsouveränität – der Konflikt als Chance" (€ 5,50)
Hölscher, Stefan: „Erkenntnistheorie und Konfliktlösungsstrategie" (€ 3,50)
Kraus, Mario: „Mediation und NLP" (€ 3,50)
Nink, Peter: „Empathie – und dann?" (€ 2,50)

Sandra Heinzelmann

Regie im eigenen Leben?!

7 Strategien für effektvolles Selbst-Coaching

Junfermann Verlag • Paderborn
2007

Satz: JUNFERMANN Druck & Service, Paderborn

Bibliografische Information der Deutschen Bibliothek

Die Deutsche Bibliothek verzeichnet diese Publikation in der Deutschen Nationalbibliografie; detaillierte bibliografische Daten sind im Internet über http://dnb.ddb.de abrufbar.

ISBN 978-3-87387-681-1

Inhalt

Vorwort

„Ich verdiene meinen Lebensunterhalt mit Träumen. " – Steven Spielberg

Erinnern Sie sich an Ihren letzten Kinobesuch? Als Sie vielleicht entspannt mit Popcorn und Kaltgetränk im gemütlichen Kinosessel Platz genommen hatten, der Film noch nicht lief und Ihre Gedanken abschweiften ... *„Was, wenn mein Leben ein Film wäre? Was wäre, wenn ich selbst als Regisseur mein Leben verfilmen würde? Wie sähe das Drehbuch meines idealen Lebens aus?"*

Sandra Heinzelmann hat diese Gedanken konsequent weiterentwickelt. Dabei ist es ihr gelungen, die Vorstellung, sein eigener Regisseur zu sein, in ein Coaching-Konzept zu überführen. Die Film-Metapher ist sehr eingängig und lässt zahlreiche Assoziationen zu. Im Film geht es um das passende Skript, einen einladenden Titel, die stimmige Besetzung, das Zusammenspiel unterschiedlicher Rollen, den richtigen Ton, das facettenreiche Ausleuchten der einzelnen Szenen, das richtige Genre, packende Spannung u.v.m. In Analogie zum Filmen ist der Klient Drehbuchautor, Casting-Verantwortlicher, Location-Scout, Hauptdarsteller und Regisseur in einer Person. Ein Bild, das die Selbstverantwortung stimuliert und dadurch die aktive Veränderung der Lebenssituation stärker betont als das Ausgeliefertsein an Lebensumstände. Was impliziert das Fragezeichen und was das Ausrufezeichen hinter dem Titel „Regie im eigenen Leben?!"? Sind wir bereits Regisseure unseres Lebens oder schreibt ein anderer das Skript unseres Daseins? Mit seinen „Strategien für effektvolles Selbst-Coaching" macht das Buch Lust auf Veränderung: Der Leser kann schon bei der Lektüre seine Veränderungspotenziale erkennen. Bewusst gesetzte Kleinigkeiten regen zum Weiterdenken an. Und schon beginnt die Interaktion mit dem Buch, der Autorin und einem selbst ...

Durch die direkte Ansprache gelingt es Sandra Heinzelmann, beim Lesen eine Form des Austausches entstehen zu lassen. Diese Lebendigkeit macht Spaß und ist ansteckend. Besonders erwähnenswert ist die Offenheit, mit der die Autorin uns an ihrer eigenen Erfahrung und Geschichte teilhaben lässt. Insbesondere in der bis zur Arroganz selbst überhöhten Beraterwelt ist diese Ehrlichkeit eine wohltuende Ausnahme. Gerade die eigene Verletzlichkeit macht die Impulse annehmbar, da sie nicht aus einer Perspektive der Überhöhung gegeben werden. Vielmehr befinden wir uns beim Lesen auf „gleicher Augenhöhe" – eine Basisvariable im Coaching-Prozess.

Sandra Heinzelmann hat ihr fachliches, konzeptionelles und praktisches Wissen über Coaching innovativ und konsequent aufbereitet. Die Autorin schreibt, wie ein guter Coach arbeitet. Sie stellt viele offene Fragen, die zum Weiterdenken einladen. Gleichzeitig stellt sie oft einfache Antworten infrage, produziert und provoziert dadurch neue Sicht- und Denkmuster. Exemplarisch sei ihre Frage nach „dem perfekten Film" aufgeführt: „Denken Sie, es gibt ihn: den perfekten Film? Wünschen Sie sich ein perfektes Leben?" Der Leser ist geneigt, an dieser Stelle, zunächst unreflektiert und spontan ein „Ja, natürlich!" auszurufen. Doch entlarvt das Buch die Einfachheit dieser Denkweise mit den Nachfragen: Was macht ein solches Leben aus? Wo bleiben die Polaritäten, die Höhen und die Tiefen, wenn wir von Perfektion im Leben träumen? So entsteht eine Dialogkultur beim Lesen, die auch ein realer Coach in seiner Arbeit entstehen lassen und integrieren sollte. In diesem Sinne wird das Buch beim Lesen, beim Nachdenken und beim Fragenbeantworten tatsächlich lebendig. Für Coachs und Coaching-Ausbilder enthält die Lektüre ebenfalls zahlreiche Impulse und kann somit als nützliche Ergänzung zum Methodenkoffer auch von erfahrenen Beratern angesehen werden.

Sandra Heinzelmann hat uns in der gemeinsamen Zeit der Coaching-Ausbildung durch ihre Impulse, kritischen Fragen und ihre wertschätzende Menschlichkeit viel Freude in der Zusammenarbeit bereitet. In unserer Professional-Ausbildung, die sich noch intensiver mit Themen der Professionalisierung auseinandersetzt, rundete sie ihr Profil als Coach weiter ab: durch die konsequente eigene Weiterentwicklung. Auch der Leser profitiert von dieser Professionalität.

Wir wünschen Ihnen eine inspirierende Lektüre und viel Freude – als Suchender, als Coach, als Ausbilder oder als Kinofilmliebhaber.

Christopher Rauen & *Andreas Steinhübel*
Januar 2007

Die Inspiration zu diesem Buch

In der Auseinandersetzung mit meinem eigenen, persönlichen Coaching-Verständnis im Rahmen der Ausbildung und Zertifizierung an der Nordwestdeutschen Akademie für technisch-wissenschaftliche Weiterbildung e.V. habe ich Coaching mit *dem Filmen* verglichen. Dies liegt auch deshalb nahe, weil ich mich im TV-Journalismus engagiere: als Autorin und Realisatorin von Filmbeiträgen. Das Arbeiten mit Bildern und der ihnen eigenen Sprache ist für mich schon immer sehr spannend und effektvoll gewesen.

„Als Metapher für den Klienten und für mich in der Coaching-Arbeit wähle ich gerne: das Filmen. In meinen Augen ist der Coachee Drehbuchautor, Casting-Verantwortlicher, Location-Scout, Hauptdarsteller und vor allem Regisseur seines eigenen Lebens. Der Coach erarbeitet am ‚Schneidetisch des Lebens‘ beim Ansehen von bereits abgedrehten Schlüsselszenen gemeinsam mit dem Coachee das Bewusstsein – als Basis für künftige Handlungsoptionen –, dass dieser sein eigenes Lebensskript schreibt, die Ausstattung wählt, die Hauptrolle übernimmt und alle Rollen um diese herum besetzt, die Szenen ausleuchtet oder dunkel lässt und vor allem als Regisseur (englisch ja so treffend *director*) das Miteinander all dieser Komponenten steuert. Die täglich entstehenden Szenen in diesem Film namens Leben mögen aus einer Komödie stammen oder einer Tragödie, aus einer Romanze, einem Actionfilm oder einer Erfolgsstory – es ist immer der Coachee, der dies Tag für Tag neu bestimmt. Während des Coachings übernimmt der Coach auch keine der einzelnen Rollen für den Klienten. Vielmehr weckt, stärkt oder schärft er das Bewusstsein für die allumfassende Handlungskompetenz und -verantwortung seines Klienten in dessen eigenem Film. Wenn der Coachee am Ende des Arbeitsbündnisses klar sieht, dass er selbst der Regisseur in seinem eigenen Leben ist und dies täglich immer wieder neu umsetzen kann, indem er an Szenen arbeitet, neue Dialoge erprobt, Orte wechselt oder Rollen neu besetzt, das Licht anders setzt oder Dramaturgien entschärft, dann hat der Coach in meinen Augen seine Aufgabe bestmöglich erfüllt."
(Heinzelmann, Sandra: „Coaching-Konzept und Coaching-Falldokumentation", Berlin 2005, S. 5f.)

Diese Analogie hat mich in der Folge zunehmend wegen ihrer Stimmigkeit fasziniert. Mir gefällt daran vor allem die im Bild ausgedrückte Verantwortung, die Macherrolle, die gleichzeitig das Opfersein ausschließt. Dadurch inspiriert entstand mit **Dialog-**

Scripting auch ein Coaching-Tool, das ich aus dem Drehbuchschreiben adaptiert habe. Gleichzeitig war die Idee zu diesem Buch geboren.

Der Nutzen dieses Buches

Dieses Buch wendet sich einerseits an Leserinnen und Leser, die sich für ihre eigene persönliche Entwicklung interessieren und engagieren. Mein Ziel ist, mit Übungen und Werkzeugen alle diejenigen zu unterstützen, die ihren „inneren Coach" aktivieren und/oder lebendig halten wollen, um ihr Leben in bewusster Eigenregie zu führen. Mir ist vor allem wichtig, intensive Gedankenprozesse anzustoßen und zum Nachdenken anzuregen. Aus diesem Grunde stelle ich viele Fragen. Die Antworten finden Sie selbst: in sich. Büchern, in denen Autoren ihren Lesern sagen, wie es genau geht, was sie „sollen" und „müssen", kann ich persönlich wenig abgewinnen. Ich erzähle lieber bewusst Beispiele aus realen Erfahrungswelten, die auch anonymisierte Klienten mit deren Erlaubnis einschließen. Diese Erfahrungen aus erster Hand mögen Ihnen Anregung, Denkanstoß und Inspiration sein.

Suchen Sie sich heraus, was Sie anspricht, was zu Ihnen passt und was Sie vertiefen wollen. Was das ist, wissen Sie selbst am besten.

Die Analogie zum eigenen Leben als Film hat für meine Klienten immer wieder hervorragend funktioniert. Diese Art, sein Leben zu „übersetzen", macht Dinge transparenter und klarer, die sich sonst der bewussten Wahrnehmung eher entziehen. Besonders die Beispiele am Ende waren von sehr emotionalen Reaktionen der Klienten begleitet. Gerade durch das Aufschreiben der Lebensplots hat sich viel verdichtet und geklärt.

Das Buch wendet sich außerdem an Coach-Kollegen, die den Regie-Ansatz selbst ausprobieren und in die Coaching-Prozesse mit ihren Klienten integrieren wollen. Unterschiedliche Aufgaben am Ende der einzelnen Kapitel wenden sich sowohl an die Selbst-Coaching-Interessierten als auch an die professionellen Berater. Alle 7 x 7 Aufgaben sind Einladungen und Anregungen.

Das Arbeiten mit einem Buch unterscheidet sich vom Arbeiten mit einem lebendigen Coach, denn das Buch bleibt immer gleich, wenn Sie es lesen – im besten Falle verändern Sie selbst sich beim Lesen. Ein Coach verändert sich immer mit Ihnen und durch Sie ebenso wie umgekehrt – dies ist das Grundprinzip systemischen Denkens und Handelns. Beide Formen der Arbeit und Auseinandersetzung sind in meinen Augen auf ihre eigene Weise spannend und wertvoll.

Wenn ich im Folgenden Regisseur, Klient oder Coach schreibe, meine ich immer auch die weibliche Form. Darauf, diese jedes Mal explizit zu nennen, verzichte ich wegen des Leseflusses. Ich wünsche Ihnen viel Spaß und inspirierende Stunden mit Ihrem Lebensfilm: live und am „Schneidetisch"!

Einleitung: „Was kann ein Coach überhaupt für mich tun?"

„Ein Weiser gibt nicht die richtigen Antworten,
sondern er stellt die richtigen Fragen. " – Claude Lévi-Strauss

Die richtigen Fragen zu stellen ist auch das Markenzeichen eines Coachs. Jeder kann sich „Coach" nennen und viele machen dies mit wachsender Begeisterung. Gleichzeitig nimmt unter potenziellen Klienten die Skepsis gegenüber diesem speziellen Angebot und seiner bunt gemischten Repräsentantenschar zu.

Mit dem Begriff Coaching verbinden sich schnell auch Einwände oder Spontanassoziationen wie „Pseudotherapeuten", „sündhaft teure Erfolgsgurus" oder „undurchsichtige Modemätzchen".

Eine wichtige Frage ist: Woran erkennt ein Klient einen exzellenten Coach? Doch vorher stellt sich die alles entscheidende Frage: Was kann ein Coach überhaupt für einen Klienten tun und wann genau ist ein Coaching sinnvoll?

Der Coach unterscheidet sich von Beratern und Trainern – immer dann, wenn er sich als klassischer Business-Coach versteht. Er unterstützt und begleitet seine Klienten in ihrem individuellen Coaching-Prozess. Dies ist eine Beratung ganz anderer Art, denn sie verzichtet auf vorgegebene Lösungen und den Anspruch zu wissen, was „richtig" und „das Beste" für den Klienten ist.

Berater und Trainer wissen dies im Idealfall und es ist ihre Dienstleistung, genau das Wissen zu vermitteln und/oder durch begleitendes Machen umzusetzen. Der Coach arbeitet mit seinem Klienten, der auch Coachee heißt, heraus, was dieser braucht und will. Das Wissen ist da, manchmal ist es allerdings verschüttet oder durch die fehlende Distanz zu den eigenen Themen blockiert. Typische Coaching-Fragen sind: Ich bin mit meiner derzeitigen beruflichen Situation unzufrieden, was kann ich tun? Wechseln oder bleiben? Auch Fragen zur Balance im eigenen Leben tauchen oft auf: Der vielbeschäftigte Manager fragt sich, wann seine Frau mit den Kindern auszieht, weil sie dieses Leben ohne ihn satt hat. Entscheidungsfindungen, die Suche nach den Ursachen für Konfliktherde im Team, das Übernehmen einer Leitungsfunktion als ehemaliger Mitarbeiter unter bis dahin gleichgestellten Kollegen – all diese Anliegen lassen sich im Coaching näher ansehen. Der Coach ist dabei ein Sparringspartner auf gleicher Augenhöhe, der zurückspiegelt, der viel fragt und neue Perspektiven eröffnet.

Strategie 1:
Wählen Sie die Genres ...?
(... bevor diese Sie wählen)

Nehmen Sie Platz, machen Sie es sich bequem und schauen Sie sich Ihren Film namens Leben ganz genau an. Dieses genaue Betrachten ist Ihr persönlicher Schlüssel für Veränderungsprozesse. Vielleicht dachten Sie bisher, andere hätten den Schlüssel zu Ihrer inneren Schatzkammer: Ihr Partner, Ihre Familie, Ihre Freunde oder Kollegen. Haben Sie deshalb auch deren Leben und Ihre eigene Rolle darin immer sehr genau angeschaut und beobachtet? Es ist Zeit für Ihren eigenen Film. Dieser spielt an Ihrem eigenen Lebensset und nur dort.

Wenn Sie sich wohlfühlen und Ihnen gefällt, was Sie sehen, gehören Sie zu den Menschen, die Ihr Leben bewusst und aktiv gestalten. Dann kennen Sie Ihre Träume und Begabungen, leben diese und sind im Großen und Ganzen im Gleichgewicht, in Ihrer inneren Mitte. Am Filmset Ihres Lebens agieren genau die Hauptdarsteller an Ihrer Seite, mit denen sie gute, gesunde und tragfähige Beziehungen verbinden. Sie leuchten Ihre Szenen so aus, dass Sie selbst bewusst entscheiden, wo wann der Fokus liegt. Sie führen Ihre Dialoge achtsam und bewusst, inhaltlich und im Ton bestens ein- und ausgepegelt. Kurz: Am „Schneidetisch" Ihres Lebens gibt es wenig, was Sie gerne anders haben wollen. Ist dies so? Dann wissen Sie mit großer Sicherheit, auch intuitiv, ob es sich für Sie lohnt, weiterzulesen. Ziel dieses Buches ist es, Denk-Anstöße zu geben statt Rat-*Schläge*.

Und wenn Sie sich momentan in Ihrem Leben eher unwohl fühlen, nehmen Sie ebenfalls Platz, machen Sie es sich bequem und schauen Sie ganz genau hin. Gefällt Ihnen Ihr persönlicher Film, wenn Sie sich in Ihrer Vorstellung ins Publikum setzen und ihn bewusst vor sich auf einer Leinwand projiziert ansehen? Sind Sie ein/e große/r Dramatiker/in? Liegt Ihnen eher die Komödie im Blut und Sie gewinnen allen Seiten des Lebens etwas ab, das Sie und andere zum Lachen bringt? Haben Sie sich Ihrer persönlichen Erfolgsstory verschrieben? Oder fühlen Sie sich eher als Opfer oder ewiger Verlierer?

Sie entscheiden über das Genre. Wechseln Sie, wenn Sie an einer anderen Gattung mehr Freude haben oder etwas in Ihrem Leben vermissen.

Gedanken kreieren Wirklichkeiten. Welches Genre wir uns aussuchen, kann großen Einfluss auf unser Leben und auch auf die Auswahl der Protagonisten darin haben. Für einen „Kriegsfilm" brauchen Sie beispielsweise eine große Zahl an Mitstreitern und Gegnern, in einem „Actionfilm" ist immer etwas los, dort wird Ruhe zur langweilenden Bedrohung und es gibt kaum einen Moment zum Innehalten. Wenn Sie sich die einzelnen Genres ansehen: Wie viel hat Ihr Leben von einem Liebesfilm? Wie viel Romantik gibt es? Welchen Stellenwert haben komödiantische oder lustige Anteile? Wann haben Sie zuletzt aus vollem Herzen gelacht? Gleicht Ihr Leben einem Actionfilm?

Wenn Sie Genres entdecken, die Ihnen fehlen oder solche, die Ihnen zu dominant sind, dann haben Sie die Möglichkeit, sich darüber klar zu werden und im nächsten Schritt etwas an Ihren Routinen zu verändern. Das Genre wählen Sie selbst, wenn Sie sich über Ihre Gestaltungsmöglichkeiten bewusst sind. Es ist Ihr Film. Oder sind Sie davon überzeugt, dass das Leben ein Film ist, der von anderer Stelle dirigiert wird? Dass Sie eine unwichtige Figur sind, die darin hin und her geschubst wird, wie es dem Leben eben gerade gefällt?

Der perfekte Film

Sind Sie auf der Suche nach *dem perfekten* Leben? Und was genau bedeutet für Sie Perfektion in Ihrem Leben?

Denken Sie, es gibt ihn: den **perfekten** Film? Wünschen Sie sich ein perfektes Leben? Was macht ein solches Leben aus? Wo bleiben die Polaritäten, die Höhen und die Tiefen, wenn wir von Perfektion im Leben träumen? Gehören diese für Sie dazu? Sehen Sie die Perfektion einfach im Augenblick und darin, was gerade ist, mit allen Facetten, den hellen und dunklen Seiten? Oder blenden Sie die Polaritäten des Lebens eher aus und sehen „das Gute", „das Helle", „das Schöne" als perfekt an: in der Wahrnehmung des Äußeren ebenso wie in der Wahrnehmung des Inneren? Wir schicken ganze Persönlichkeiten in die innere Verbannung unserer Gesamtpersönlichkeit, um unsere eigene Polarität zu verdrängen (mehr dazu im Kapitel „Besetzen Sie Ihre Darsteller ... bevor diese Sie besetzen?"). Dass wir uns genau dadurch für ein eher ferngesteuertes Leben entscheiden, ist uns häufig unbewusst.

Wir leben unseren Alltag. Wenn die Tage dahinfließen, haben wir wenig Grund, uns einmal in unser mentales Kopfkino zu setzen und einen Blick auf diesen Film namens „Unser Leben" zu werfen. Dabei ist dies sehr spannend, in ruhigen Zeiten ebenso wie in Krisen. Bewusstsein kommt vom Wahrnehmen dessen, was ist. Im Zen nennen die Menschen dies Achtsamkeit. Meistens bringen uns erst (Lebens-)Krisen und/oder (gesundheitlicher) Leidensdruck dazu, genauer hinzusehen. Dann, wenn wir merken

„Da stimmt doch etwas nicht!" Und genau dann stimmt es, gerade weil sich unser Inneres bemerkbar macht. Unsere Sensoren funktionieren noch. Die Krise ist wie ein guter Freund, der uns schüttelt und sagt: „Wach auf, sieh hin." Leider denken viele Menschen, dass das, was sie sehen, sie überwältigt. Alles ist bereits in uns. Wir leben damit. Nur das Hinsehen ersparen wir uns manchmal. Wahr-Nehmen kann auch bedeuten: Ich erkenne etwas als für mich wahr und nehme an, was ist.

Exkurs: Aus meinen eigenen Lebensfilmen

Ich persönlich habe beruflich und privat immer wieder sehr unterschiedliche Filme gedreht. Allen gemeinsam waren als Rahmenhandlung die Ausdauer und der Wille, meine Träume und Visionen umzusetzen. Mit 16 kannte ich meinen ersten großen Traum, Journalistin zu werden. Auch ein Berater beim Arbeitsamt, der mir in den 1970er-Jahren aufgrund meines Geschlechtes nahe gelegt hatte besser Krankenschwester zu werden, bestärkte mich nur noch in meinem Wunsch, zur schreibenden Zunft zu gehen. In meinem tiefsten Innersten dachte ich damals: „Dir zeig ich's!"

Ausdauer als Katalysator für die Wunscherfüllung

Mein großer Traum war, an der Deutschen Journalistenschule in München ausgebildet zu werden. Ich ging also nach dem Abitur nach München, noch bevor ich überhaupt an der Aufnahmeprüfung für diese Schule teilgenommen hatte. Für mich war einfach klar, dass ich auf diese Schule gehe. Im Frühjahr 1983 folgte zunächst die herbe Enttäuschung: Meine eingereichte Reportage hatte mir nicht die ersehnte Einladung zum zweiten Teil der Auswahlprüfung gebracht. Da saß ich nun im Alter von 20 Jahren in München und sah einen großen Traum zerplatzen wie eine Seifenblase ...

Ich schrieb mich an der Ludwig-Maximilians-Universität für das Hauptfach Kommunikationswissenschaften ein und begann mein Studium – zu einer Zeit, als die Hörsäle aus allen Nähten platzten, Hauptseminare verlost wurden und dabei immer noch so voll waren, dass sie den Charakter von Vorlesungen hatten. Parallel zu meinem Studium sammelte ich erste Praxiserfahrungen. Aus der Ferne beobachtete und beneidete ich die Studenten des Diplom-Journalistik-Studienganges. Sie waren an der Deutschen Journalistenschule aufgenommen worden und wechselten zwischen der Uni und der Schule, in der sie während der Semesterferien ausgebildet wurden. In manchen Seminaren waren Kommunikationswissenschaftler und Diplom-Journalisten zusammen und so lernte ich einige dieser Kommilitonen kennen, die ich so glühend beneidete.

1985, zwei Jahre nach der ersten Aufnahmeprüfung, ging ich es erneut an. Ich bewarb mich wieder und bestand diesmal die Prüfung. Auch diese Erfahrung ist und war prägend für mein Leben. Ich habe auch nach diesem Schlüsselerlebnis immer wieder die Erfahrung gemacht, dass sich große Wünsche und Ziele mit einer „Verspätung" von mehreren Jahren erfüllt haben. Die Tatsache, dass ich immer daran festhielt und auch bereit war, kleine und große Umwege zu gehen, ließ mich letztlich erfolgreich sein – gerade auch im Sinne von „reich an Folgen". Vielleicht ist es tatsächlich ein innerer Glaubenssatz, dass ich *immer* große Umwege gehen muss, bis ich an mein Ziel komme.

Wenn ich mir mein eigenes Leben als Film betrachte, fallen mir als beherrschende Genres ein: Drama und Actionfilm. Ich war mir dessen und vor allem meiner Macht als Regisseurin viele Jahre unbewusst. So lange fühlte es sich einfach so an, als müsse alles genau so laufen, wie es lief, und als wäre dies eben einfach Schicksal. Diesen Irrtum begriff ich, als ich begann, selbst die Regie in meinem Leben zu übernehmen und zu gestalten. Wenn Sich-Durchbeißen schon früh ein zentrales Thema im Leben eines Menschen ist, dann entwickelt es sich auch leicht zu einem Automatismus. Der normale Modus, in dem solche Menschen leben, ist dann ein „Kampfmodus". Allerdings steuert ein solches Ungleichgewicht der Genres meistens auf eine Krise zu. Auch in meinem Falle war es so. Diese Krise – bei mir war es eine sogenannte Quarterlife-Crisis mit Anfang 30 – zwang mich dazu, meinen Film genauer anzusehen.

Unser tragendes Genre ist natürlich auch sehr eng verknüpft mit den Haupt- und Nebendarstellern, die einen Platz in unserem Leben und im nahen Umfeld einnehmen. Auch wir besetzen wie echte Filmleute nach Typ. Und dieser Prozess läuft meist unbewusst ab.

Gegenpolare Genres

Welches Genre herrscht in Ihrem Lebensfilm vor?

Sie haben beim Ansehen der Schlüsselsequenzen in Ihrem Leben festgestellt, dass Sie das Hauptgenre **Action**film bedienen? In Ihrem Leben ist ständig Bewegung, immer etwas los ... Jubel, Trubel, Heiterkeit. Da zu einer Balance auch die gegenpolaren Energien gehören, ist die Frage, inwieweit Sie diese auch zum Zuge kommen lassen. „Ich hasse nichts so sehr wie Langeweile und Stillstand!", höre ich manchmal von Menschen. Zur Ruhe zu kommen, die eigene Mitte zu finden, wie es so schön heißt, erleben manche Menschen als bedrohlich. Gehören Sie auch zu diesen Menschen? Können Sie kaum still sitzen und ruhige, relaxte Augenblicke genießen? Wie geht es Ihnen körperlich? Haben Sie einen erhöhten Blutdruck? Beschwerden mit der Verdauung? Es lohnt sich, genau hinzusehen, was Ihre Ruhelosigkeit bedeutet. „Achterbahnleben" oder ein „Leben auf der Überholspur" sind sehr kräftezehrend.

Auch die Komödie als beherrschendes Genre kann Ihnen Hinweise auf einen verkümmerten Gegenpol geben, dann nämlich, wenn Sie alles ins Lustige oder Lächerliche ziehen. In der Schule nennen wir diese Kinder „Klassenclown". Erkennen Sie sich darin wieder?

In unserem Leben finden wir natürlich sehr oft Mischformen der Genres. Interessant ist für mich die Frage, wo die Schwerpunkte liegen und welchen Einfluss dies in der Folge auf die Wahl der Darsteller und auch auf die Handlung, das Drehbuch des Lebensfilmes hat.

Aufgaben

Selbst-Coaching

1. Lieblingsfilm
Welcher Kino- oder Fernsehfilm hat Ihnen in Ihrem Leben bisher am besten gefallen? Worum ging es in diesem Film? Was daraus kennen Sie aus eigener Erfahrung oder wünschen Sie sich für Ihr Leben?

2. Das variable Ende
Sie hatten ein Erlebnis in Ihrem Leben, für das Sie sich ein anderes Ende gewünscht hätten? Wie sähe dieses Ende aus heutiger Sicht aus? Wo stünden Sie heute mit diesem anderen Schluss?

Spulen Sie Ihren Lebensfilm in Gedanken zurück und gestalten Sie ihn neu. Schreiben Sie dieses alternative Ende auf, schauen Sie es sich einfach in Ihrer Fantasie an oder geben Sie Ihren Gedanken künstlerisch Ausdruck, indem Sie malen oder eine Collage machen.

3. Komödie
Wann haben Sie zuletzt von ganzem Herzen gelacht? Schließen Sie die Augen und versetzen Sie sich in diese Situation. Hören Sie in Gedanken das Lachen und seine Klangfarben. Mit welchem Menschen lachen Sie besonders gerne? Wann haben Sie diesen Menschen das letzte Mal getroffen? Treffen Sie noch heute eine Verabredung. Sagen Sie „Ja" zu Ihrem Zwerchfell.

4. Abenteuer
Welches Erlebnis sehen Sie als das bisher größte Abenteuer Ihres Lebens an? Was ist damals geschehen? Was haben Sie gemacht? Wie haben Sie sich dabei gefühlt? War Ihr

Leben eher abenteuerfrei? Gibt es ein Abenteuer, von dem Sie träumen? Schließen Sie die Augen und „sehen" Sie sich Ihren Abenteuerfilm vor Ihrem inneren Auge an.

5. Wunder der Natur – Ihr persönlicher Film
An welchem Ort in der Natur fühlen Sie sich besonders wohl? Suchen Sie diesen Ort auf und stellen sich vor, Sie seien das „Auge" einer Naturfilmkamera. Beobachten Sie alles bis ins kleinste Detail. Nehmen Sie diese Impressionen in Ruhe auf. Fühlen Sie, wie es Ihnen dabei geht. Denken Sie dabei an den Schöpfer dieses Universums? Fühlen Sie sich Tieren und Pflanzen nah und verbunden? Welche Tiere sehen Sie? Wie riecht es an Ihrem Ort? Welche Geräusche nehmen Sie wahr?

6. Historienfilm
Reisen Sie in eine Zeit Ihres Lebens, die Ihnen in besonders guter und wertvoller Erinnerung geblieben ist. Träumen Sie sich dorthin, indem Sie die Augen schließen, oder lassen Sie diese Zeit auferstehen, indem Sie alte Fotografien ansehen oder Orte und Menschen von damals aufsuchen. Begeben Sie sich ganz auf diese Zeitreise. Nehmen Sie alles intensiv auf und speichern es bewusst in Ihrem gegenwärtigen Leben ab. Wenn Ihnen eine solche Erinnerung fehlt, erschaffen Sie sie. Erträumen Sie sich eine Zeit und malen Sie sie sich in allen Details aus. Egal, ob es diese Erlebnisse in der Realität gab oder sie nur in Ihrer Vorstellung stattfinden, sie haben die Kraft zu wirken.

7. Liebesfilmreife Szene
Sie träumen von einer romantischen Liebesszene? Worauf warten Sie? Muss es erst der Hochzeitstag sein? Inszenieren Sie sie selbst. Was spricht dagegen, Ihrem Partner sofort und noch heute Aufmerksamkeit zu schenken? Wenn Sie unfreiwilliger Single sind, ist die Anregung, (sich) nach den offensichtlichen und verborgenen Gründen Ihres Solistendaseins zu fragen. Wie wäre es, sich das Taschenbuch „Ich finde mich toll, warum bin ich noch Single" von Susan Page zu kaufen oder „Die Simply Love® Strategie" von Katja Sundermeier. Im ersten Buch geht es um unsere (verborgenen) Stolpersteine, im zweiten um geheime Drehbücher bei der Partnerwahl. Während sich das erste Buch mehr auf die Hürden und Hemmnisse konzentriert, stellt das zweite das innere Kind in den Mittelpunkt.

Coaching mit Klienten

1. Am Schneidetisch
Angelehnt an die Reflexion der Vergangenheit Ihres Klienten mit der Frage „Was hätten Sie aus heutiger Sicht in Ihrem Leben gerne anders gemacht? Wo stünden Sie dann heute?", bietet sich „der Schneidetisch" als visuelle Veränderungsebene an. Entwerfen Sie mit Ihrem Klienten ein neues Ende für eine Situation, die er sich im Leben anders gewünscht hätte. Spulen Sie mit Ihrem Klienten dessen Lebensfilm zurück an die ge-

wünschte Stelle und gestalten Sie diese neu. Das kann im Dialog geschehen, in einer geführten Meditation/Traumreise oder durch Aufschreiben, Aufzeichnen oder künstlerisches Gestalten Ihres Coachee.

2. Lustspiel

Über visuelle Zugänge/Fantasien, wie sie sich beim Filmen und den entsprechenden Analogien anbieten, lassen sich lebendige Prozesse anstoßen. Die Frage nach dem letzten „Wohlfühl- und Lebenslust-Erleben" kann nach meiner Erfahrung ungeahnte Prozesse in Gang setzen. Erarbeiten Sie mit Ihrem Klienten, wann er zuletzt von ganzem Herzen gelacht oder sich rundherum wohlgefühlt hat. Die Fähigkeit, sich wohlzufühlen und dies bewusst in den eigenen Alltag zu integrieren, ist eine wertvolle Ressource und der Zugriff auf diese Energie steigert die Lebensfreude.

3. Kriegsfilm

Werfen Sie mit Ihrem Klienten einen Blick hinter die Kulissen seiner Kampfeslust. Besonders wenn Sie den Eindruck gewonnen haben, dass ein hohes Aggressionspotenzial vorhanden ist und eine Bereitschaft, sich mit anderen in Konflikten zu verstricken, kann dies wertvoll sein. Suchen Sie gemeinsam mit Ihrem Klienten nach dessen innerem Friedensstifter, der ausgleichenden, befriedenden Energie in seinem Persönlichkeitssystem.

4. Das Abenteuer des Lebens

Welches Erlebnis sieht Ihr Klient als das bisher größte Abenteuer seines Lebens? Was ist damals geschehen? Was hat er gemacht? Wie hat er sich dabei gefühlt? Oder war sein Leben eher abenteuerfrei? Gibt es ein Abenteuer, von dem er träumt?

5. Drama

Welches Drama hat Ihren Klienten in seinem Leben selbst oder aus nächster Nähe beschäftigt? Auch diesen „Film" gemeinsam näher anzusehen, stärkt die eigene Ressourcen-Wahrnehmung Ihres Coachee.

6. Historienfilm

Begleiten Sie Ihren Klienten auf einer Reise in eine Zeit seines Lebens, die ihm in besonders guter und wertvoller Erinnerung geblieben ist.

Versetzen Sie ihn dorthin, indem Sie ihn die Augen schließen lassen. Finden Sie gemeinsam heraus, was an dieser Zeit so positiv ist und welche Ressourcen der Klient damit verbindet. Lassen Sie ihn diese Zeit bewusst in sein aktuelles, heutiges Leben aufnehmen.

7. Liebesfilm

Häufig verbergen sich hinter Business-Themen auch private Anliegen wie der Wunsch nach einer Partnerschaft. Wenn Ihr Klient Single ist, kann eine tiefer gehende Auseinandersetzung mit diesem Themenfeld sehr interessante Lebensperspektiven aufwerfen.

Strategie 2:
Schreiben Sie das Drehbuch ...?
(... bevor es Sie schreibt)

Die Handlung oder der Plot

Jeder Mensch schreibt das Buch seines Lebens selbst. Oft wirken dabei verborgene Skripte, denen wir automatisch und einer inneren Logik gehorchend folgen. Solange diese Skripte im Unbewussten entstehen und fortgeschrieben werden, ist uns unser aktiver Part beim Entwerfen und Schreiben ebenfalls unbewusst. Hier sitzt bereits ein entscheidender Hebel zur Veränderung.

Drehbuchautoren schreiben, bevor sie mit dem eigentlichen Buch anfangen, Synopsen, Exposés und Treatments. Eine Synopse beschreibt eine Geschichte in einem Satz. Haben Sie in Ihrem Alltag einen Handlungsstrang, den sie verfolgen? Welchen Traum hatten Sie als Kind, als Jugendlicher, als junger Erwachsener – welchen Traum haben Sie heute? Sind es dieselben Träume, dieselben Themen? Haben sie sich im Laufe der Zeit verändert? An dieser Stelle lade ich Sie ein, folgende Übung zu machen:

Übung: Die universelle Videothek

Aufwand: intensiv nachdenken und die Wunschinhaltsangabe aufschreiben

Stellen Sie sich vor, dass es eine universelle Videothek gibt, in der die Lebensfilme aller Menschen aufbewahrt werden. Sie gehen in diese Videothek und sehen dort unendlich viele Filme in den Regalen stehen. Sie nehmen den Film heraus, der Ihren Namen trägt. Auf der Rückseite der Video- oder DVD-Cassette lesen Sie die Inhaltsangabe. Was steht dort über Ihr Leben? Schreiben Sie in wenigen prägnanten Sätzen die Geschichte ihres Lebens auf, so wie Sie sie sich vom heutigen Zeitpunkt aus gesehen bis zum Ende vorstellen und wünschen. Thematisieren Sie auch aus Ihrer Vergangenheit das, was Ihnen wichtig erscheint. Setzen Sie sich selbst dabei mit Ihrem Namen in die dritte Person.

Die Auswahl des Wesentlichen kann Aspekte zutage fördern, deren Bedeutung Sie bis dahin anders eingeschätzt hatten. Es kann auch sein, dass Dinge, die Ihnen bisher sehr wichtig schienen, plötzlich an Bedeutung verlieren. Die große Herausforderung ist, diese Inhaltsangabe noch weiter zu verdichten.

Filmtitel und Traumrolle

Übung: Einen Filmtitel und die eigene Traumrolle finden

Ein Filmtitel kann uns die Richtung weisen – mit mentalen und energetischen Folgen

Verdichten Sie Ihr Leben auf einen Filmtitel, der zeigt, als was Sie Ihr Leben sehen oder gerne sehen wollen. Dieser Titel ist die Essenz und das übergreifende Thema Ihres Lebens.

Wie sieht das dazugehörige Filmplakat aus? Gestalten Sie es – real oder in Ihrer Fantasie.

Überlegen Sie sich dann Ihre Traumrolle, in der Sie sich am liebsten sehen, auch wenn Sie davon vielleicht noch weit entfernt sind.

Mein Lebensfilmtitel lautet beispielsweise: „Das (*Traum-Er*) Füllhorn" und als Hauptrolle sehe ich die der *empathischen Powerfrau*. Es mag auf den ersten Blick eher merkwürdig anmuten, sein Leben in einen Filmtitel zu kleiden. Klar wird dabei, in welche Richtung wir gerne gehen wollen und/oder was unser Leben für uns symbolisiert. Dies kann mentale und auch energetische Folgen haben, die wir uns sehr gut zunutze machen können. Es kann auch zum Nachdenken über unsere Wahrnehmung von Schlüsselthemen anregen und eine Einladung sein, sich neu zu orientieren. Hier liegt eine weitere Chance zu spannenden Prozessen. Eine Traumrollendefinition, der ich einmal begegnet bin, lautete: „Ich bin eine anziehende Superfrau." Darin steckte natürlich großes Diskussionspotenzial. Die Frau, die sich in dieser weiblichen Hauptrolle gefiel, wurde zum Nachdenken darüber angeregt, wie sie sich selbst und ihre Rolle als Frau sah. Solche Prozesse können schmerzhaft und gleichzeitig heilsam sein. Dann nämlich, wenn wir uns selbst annehmen und uns von unseren Trugbildern verabschieden. *Anziehende Superfrauen* gibt es in Büchern, im Showbusiness und in der Werbung. Superfrauen sind ebenso eine Illusion wie Perfektion an sich. Für wen will ich eine anziehende Superfrau sein? Steckt dahinter der Mechanismus: Andere sollen mich (super-)gut finden ... (weil ich mich selbst als fehlerhaft empfinde und erlebe). Was will ich selbst sein, ich für mich allein? Wenn Sie für sich als Traumrolle die der empathischen Powerfrau sehen, drücken Sie damit vielleicht Ihre Sehnsucht aus, Ihre Stärke, Ihre härteren („Die Frau ist tough!") und energiegeladenen Anteile mit ihrer weichen, weiblichen Seite zu verbinden. So war es bei mir. Für moderne Frauen ist dies in meiner Wahrnehmung durchaus schwierig und stellt eine Herausforderung dar.

Kommt in Ihrem Filmtitel das Thema Reisen vor, dann haben Sie darin Bewegung und/oder Entwicklung. Es können reale Reisen folgen, das Ausleben von Fernweh oder Entdeckerdrang. Unsere Reisen durchs Leben können aber auch spirituell sein. Wenn Ihnen das Reise-Bild zusagt, dann sagt Ihnen das schon etwas über Ihre Sehnsüchte und Träume. Dann haben Sie eine Richtung, in die Sie träumen und sich entwickeln können ... Kommt in Ihrem Titel ein Garten vor, dann sind das Säen, Pflegen und Ernten mögliche Themen, real und im übertragenen Sinne.

Wenn wir uns intensiv mit den Ereignissen unseres Lebens beschäftigen, Vergangenes reflektieren, prüfen, was wir einmal wollten und was daraus geworden ist, kann sich auch eine „Katerstimmung" einstellen. Sie sind sich bewusst, was Ihnen am Verlauf Ihres Lebens bisher missfällt? Prima, das ist eine wertvolle Arbeitsgrundlage. Aus den vermeintlichen Pannen und Missgeschicken, Fehlschlägen und Schieflagen lassen sich nämlich interessante und konstruktive Erkenntnisse gewinnen.

„Die große Tragik meines Lebens"

„Die große Tragik meines Lebens ist ..." Wie vervollständigen Sie diesen Satz für sich und Ihr Leben? Wir alle haben Lebensthemen, die mit mehr oder weniger großen Enttäuschungen und/oder dem Gefühl von Mangel verbunden sind. Jammern und klagen Sie einmal bewusst aus vollem Herzen und ohne Schere im Kopf. Trauern Sie um das, was bisher unerreichbar blieb, obwohl Sie es sich sehr gewünscht haben. Denken Sie an jene Situationen, die Ihr Leben tragisch oder verkorkst, misslungen oder schwer erscheinen lassen. Und schieben Sie für einen Augenblick die Tatsache beiseite, dass Ihnen das im Vergleich zu anderen Menschen mit schweren Schicksalen banal erscheint. Das, was Sie als tragisch empfinden, ist es auch wert, *ernst* genommen zu werden.

Auch Jammern kann als Mittel zum Zweck wertvolle Ressourcen freilegen.

Sind Sie Single? Haben Sie es im Laufe der Zeit maximal drei oder vier Jahre mit einem Partner ausgehalten? Sagen Sie: „Die große Tragik meines Lebens ist, dass ich offensichtlich für dauerhafte Beziehungen ungeeignet bin!" ? Gibt es berufliche Themen, die Ihnen hierzu einfallen? Das, was Sie als Ihre große Tragik empfinden, ist gleichzeitig *das* Thema, in dem Sie sich besonders stark eine Veränderung wünschen oder bisher eine Veränderung verhindern. Jammern, Selbstmitleid oder Hadern kann auch einen kathartischen, erlösenden Aspekt haben – nämlich den, sich bewusst zu werden, wo es man-

Die große Tragik Ihres Lebens zeigt, wo Ihr größter Veränderungswunsch und/oder -bedarf liegen.

gelt oder klemmt. Hier lohnt es sich, Energien zu bündeln und eine neue Szene in Ihrem Drehbuch zu beginnen.

Das Schöne an unserem Leben ist ja, dass wir unsere großen und kleinen Themen jederzeit neu angehen können. Jeder Tag bietet neue Chancen, etwas anders zu machen als bisher. Und auch wenn wir etwas hundertmal auf eine Art angepackt haben und letztlich mit dem Ergebnis unzufrieden waren, es kann uns genau beim 101-ten Mal zu unserer Zufriedenheit gelingen. Die einzige Voraussetzung ist der Wunsch nach Veränderung und das Vertrauen in die eigenen Kräfte und Ressourcen.

Positives Denken also? Ich glaube an das Gute, dann geschieht es auch? Für mich ist es etwas anderes – ich nenne es vorzugsweise *fokussiertes* Denken. In Hawaii gibt es ein Motto aus der schamanischen Huna-Lehre: MAKIA – Energie folgt der Aufmerksamkeit. Alles, was ist, hat schöne und weniger schöne Aspekte, alles – ohne Ausnahme. Ob wir an eine höhere Macht in unserem Leben glauben oder nicht, wir bestimmen, was wir denken und wie wir uns ausrichten. Ob ich verpassten Chancen nachweine und nur an meinen vermeintlichen Misserfolg denke oder ob ich sehe, dass es einen Sinn für mich hat und nur bedeutet: Der Zeitpunkt für das Gewünschte ist jetzt ungünstig, daher geht es darum, etwas anderes bzw. etwas anders zu machen.

Energie folgt der Aufmerksamkeit – ein wesentliches Prinzip der hawaiianischen Huna-Lehre.

Ziehe ich mich nun auf die „Versager"-Rolle zurück, geschehen in jedem Falle weitere unangenehme Dinge. Menschen, die sich selbst als Loser wahrnehmen, handeln anders als Menschen, die sich sagen: „Okay, wie erreiche ich mein Ziel auf einem anderen Weg?" Das ist mein Fokus und darauf konzentriere ich mich jetzt mit meinen Kräften und Möglichkeiten.

Vermeintliches Scheitern war in meinem Leben oft mit wertvollen Umwegen verbunden. Meine Ziele habe ich im Auge behalten. Unterwegs traf ich wunderbare Menschen, die mir sonst vielleicht nie begegnet wären. Diese Menschen haben mich unterstützt.

Sagen Sie sich, **„immer"** geht es mir so oder so? **„Nie"** schaffe ich dieses oder jenes? Wie wäre es, genau jetzt für einen Moment innezuhalten und diese Endgültigkeit hinter sich zu lassen? „Bisher" kann das Zauberwort sein. „Bisher" habe ich von xy geträumt. „Bisher" geschah stattdessen etwas anderes. Ich verweise an dieser Stelle auf die große Hilfe und nachhaltigen Wirkungen von Affirmationen, ohne diese selbst im Detail zu thematisieren. Louise L. Hay hat eindrucksvolle Bücher zum Umgang mit unseren inneren Gedanken und Überzeugungen geschrieben. Auch die Arbeit mit ihren Affirmationskarten „Körper und Seele" haben sowohl für mich persönlich als auch für die Arbeit mit meinen Klienten eine wichtige Bedeutung.

Rauchen – eine Tragik in meinem Leben

Wie jeder Mensch kenne ich das Thema Scheitern aus eigenem Erleben. Ein Beispiel aus meinem eigenen Erfahrungsschatz: **das Rauchen.** Eine für mich mit einem immensen Leidensdruck verbundene Tragik in meinem Leben war meine Nikotinabhängigkeit. Ich litt sehr darunter, dass ich den Absprung einfach immer wieder selbst verhinderte. Ein Versuch aufzuhören reihte sich an den nächsten. Mit dem Buch „Endlich Nichtraucher" von Allen Carr schaffte ich es, immerhin ein Jahr lang ohne Glimmstängel auszukommen, dann jedoch kam der erneute Rückfall. Jedes Scheitern war für mich auch mit großen Versagensgefühlen verbunden. Mein Sohn, damals acht Jahre alt, brachte seine große Enttäuschung zum Ausdruck, indem er weinte, als er mich mit einer heimlichen Zigarette erwischte. Und dann, eines Tages, habe ich einfach aufgehört. An einem ganz normalen Montag im Dezember 2002. Vielleicht lächeln Sie, wenn ich Ihnen sage, was geschehen war. Mag sein, dass da innerpsychische Kräfte am Werk waren und/oder meine ausgeprägte Fantasie. Mag auch sein, dass Glauben einfach Berge versetzt. Ich hatte in meiner Verzweiflung über mein ständiges Scheitern beim Rauchstopp ein Stoßgebet zum Himmel geschickt. Oder nennen wir es ruhig – mit einem freundlichen Augenzwinkern zu Bärbel Mohr – eine Bestellung beim Universum: „Bitte, ich brauche dringend ein Zeichen!" Ich hatte einen Punkt erreicht, an dem ich feststeckte und Unterstützung brauchte. Meine Supportanfrage wurde tatsächlich umgehend beantwortet. Ich bekam in einer Zeit, als sich um mich herum alle bester Gesundheit erfreuten, die schlimmste Bronchitis, die ich je in meinem Leben gehabt hatte. Die Treppe zur Praxis meiner Allgemeinärztin schaffte ich kaum hinauf. Meine Symptome ähnelten denen von Asthma. Seit diesem Tag sind Zigaretten für mich Vergangenheit und jedes Jahr am 2. Dezember feiere ich mein ganz persönliches „Nikolos" (Nikotin los). Es ist auch ein Tag, an dem ich mich immer wieder sehr bewusst über die Veränderungs- und Gestaltmöglichkeiten meines Lebens freue. Jeden Tag, JETZT kann sich etwas ändern – zum Gewünschten. Da ich auch Spirituellem – für mich ist dies etwas anderes als Esoterik – gegenüber aufgeschlossen bin, habe ich mich über mein kleines Wunder sehr gefreut. Natürlich bin ich auch gerne bereit, Skeptikern gegenüber einzuräumen, dass innerpsychische Prozesse diese Krankheit bei mir ausgelöst haben können. Auch hier hat die hawaiianische Huna-Philosophie ein passendes Motto: PONO – Wirksamkeit ist das Maß der Wahrheit. Oder: Wenn es wirkt, ist es (mir) willkommen. Mir persönlich ist es wenig wichtig, was genau die Kausalzusammenhänge waren. Das Ergebnis zählt: Meine Lebensqualität hat sich um ein Vielfaches gesteigert, seit ich Zigaretten in ihren Schachteln und diese Schachteln in den Geschäften stehen lasse. Mein Gefühl, machtvoll in der Gestaltung meiner Gesundheit und meines Lebens zu sein, ist durch diese Erfahrung ebenfalls gewachsen.

Machen wir einen Unterschied?

Es gibt Sätze, die etwas in Menschen auslösen und in Bewegung setzen. Ein solcher Satz kann das abgewandelte Zitat von John F. Kennedy sein: „Frage nicht, was die Welt für dich tun kann, frage, was du für die Welt tun kannst." Dahinter steckt auch die Idee, dass wir das, was wir uns am sehnlichsten wünschen, zuerst geben. Wenn jeder Mensch in seine gewünschte und/oder geplante Lebenshandlung aufnimmt, dauerhaft oder einmalig etwas für andere zu tun, verändert dies die Welt ein Stück. Damit meine ich auch Handlungen und Hilfen jenseits geldlicher Zuwendung.

Es geht bei diesem Grundgedanken des „Machen wir einen Unterschied?" auch und gerade um die kleinen und sehr kleinen, täglichen Gesten und Themen. Denken Sie manchmal: Beim Einkaufen sind Menschen oft so in Hetze und unachtsam oder mürrisch ...? Haben Sie schon probiert, selbst absichtlich und bewusst sehr freundlich und zuvorkommend auf andere zuzugehen, sie zuerst anzulächeln? Auch die folgende Übung kann Sie dabei unterstützen herauszufinden, was Sie gerne anders hätten, und dann selbst mit dieser Veränderung zu beginnen.

Übung: Heute wünsche ich mir ...

Aufwand: nachdenken. Je nach Wunsch unterschiedlicher Realisierungsaufwand

Diese Übung kann, besonders täglich angewandt, eine Inspiration für Veränderungen sein. Heute wünsche ich mir ...

Denken Sie in Ruhe über diese Frage nach und dann beantworten Sie sie. Das Ergebnis Ihrer Antwort bringen Sie dann selbst in die Welt. Beispiel für einen Wunsch: Ich wünsche mir, dass mir heute jemand aufmerksam zuhört und auf mich eingeht.

Mögliche Erfüllung: Rufen Sie jemanden an oder treffen Sie einen Menschen, den Sie mögen und dem Sie aufmerksam zuhören. Fragen Sie diesen Menschen, wie es ihm geht, was ihn beschäftigt. Das Klima, das Sie in diesem Gespräch kreieren, öffnet Ihr Gegenüber potenziell auch für Sie, Ihre Wünsche und Bedürfnisse.

Wenn Sie keinen Menschen erreichen, wenden Sie sich selbst zu. Was nehmen Sie jetzt wahr? Was ist Ihnen selbst wichtig? Was brauchen Sie, um sich genau jetzt besser zu fühlen? Schenken Sie selbst sich die Aufmerksamkeit, die Sie sich von anderen wünschen.

Ein anderer Wunsch kann sein: Ich wünsche mir, dass sich heute jemand liebevoll um mich kümmert.

Sofortige Erfüllung dieses Wunsches: Seien Sie selbst dieser jemand. Kaufen und gönnen Sie sich etwas Gutes und Gesundes zum Essen. Hören Sie Musik, die Ihnen gefällt und die Ihr Wohlgefühl steigert, kochen Sie für sich, auch und gerade wenn Sie alleine leben. Sie haben den wichtigsten Menschen und besten Freund in Ihrem Leben zu Gast: sich selbst.

Das Dialogbuch: fokussierte Sprache

Gehören Sie zu den Menschen, die oft ihre Aussagen verneinen? „Aha!" denken Sie nun vielleicht, jetzt sind wir also wieder beim Thema des sogenannten „positiven Denkens" oder Schönredens, na, NLP eben – Neurolinguistisches Programmieren. Was ich meine, ist etwas anderes. Natürlich macht es wenig Sinn, Dinge einfach ins Positive zu verkehren, denn das verdrängt das vermeintlich Negative und gibt ihm auf diese Weise im Verborgenen umso mehr Macht. Gerade auch in der Kommunikation mit Kindern sagen wir oft Dinge wie: „Pass auf, dass du nicht die Treppe hinunterfällst!" Und schon ist es laut ausgesprochen: das, was wir befürchten und tunlichst verhindern wollen.

Es klingt sehr einfach und ebenso banal, ich weiß. Wir kennen viele Kommunikationstechniken, wissen um ihre Wirkungen. Wenden wir sie in der Folge allerdings auch tatsächlich bewusst an? Ist es so einfach? Meine persönliche Erfahrung ist eine andere.

Denken Sie jetzt bitte *nicht* an einen rosa Elefanten! Von dem Gedanken, der dahintersteckt, habe ich mich dauerhaft zu einer persönlichen Übung inspirieren lassen. In unserem Denken fehlt das „nicht" und somit betonen wir das, was wir „nicht" wollen, und stellen es in den Mittelpunkt der Aussage. Was wollen wir also? Mir gefällt in diesem Kontext auch die Untersuchung, dass das Schild „Betreten des Rasens verboten!" weit weniger Leute vom Rasenbetreten abhält als das freundliche Schild: „Bitte benutzen Sie die Wege in dieser Grünanlage". Wann immer ich mich schriftlich ausdrücke oder spreche, vermeide ich heute Negationen wie das Wort „nicht". Das ist gerade in der gesprochenen Sprache natürlich oft diffizil.

> Das Gehirn kann nicht *nicht* denken ..Mein Tipp: Sparen wir uns doch gleich die Verneinung!

Das hat, wie bereits erwähnt, mit fokussiertem Denken statt mit Positivdenken zu tun. Das Vermeiden von „nicht" oder „kein" fokussiert einfach anders. Es bringt eine völlig andere Tonart in die persönliche Sprache und den Ausdruck. Haben Sie es schon einmal ausprobiert? Anfangs dauert es eine Weile, bis sich die sprachlichen Alternativen einfinden. Dann jedoch geht es immer schneller. Ebenso wie das „Nicht"-Repertoire speichern wir die Alternativen und können sie dann sehr schnell abrufen. Ist Ihnen aufgefallen, dass ich dieses Prinzip auch beim Schreiben dieses Buches anwende? Ha-

> Am besten sagen wir gleich, was wir wollen, ohne Verneinung. Das ist, wissenschaftlich belegt, effektiver.

ben Sie es bemerkt? Kam Ihnen irgendetwas an diesem Text anders vor? Hat er etwas bei Ihnen ausgelöst? Wenn es so ist, freue ich mich, weil es meine eigene persönliche Erfahrung bestätigt.

"Ich hoffe ..." trägt das potenzielle Scheitern bereits in sich.

Ähnlich wie mit "nicht" oder "kein" geht es mir mit dem kleinen Satzteil "Ich hoffe ...". Diesen Satzanfang habe ich für mich durch "Ich wünsche mir ..." oder "Ich wünsche dir ..." ersetzt. Hoffen trägt auf einer mitschwingenden Ebene das Scheitern zumindest potenziell in sich. "Ich hoffe, Sie hatten einen schönen Urlaub." Es kann natürlich sein, dass dieser Urlaub alles andere als schön war, wie es manchmal mit Urlauben so ist. Ich hingegen schreibe oder sage: "Ich wünsche dir, dass du einen schönen Urlaub hast/hattest" oder "Ich wünsche mir, dass du einen schönen Urlaub hast/hattest". Ein Verb ausgetauscht und der Satz bekommt einen ganz anderen Klang.

Übung: Sprachliche Achtsamkeit
Oder: Weg mit "nein" und "kein" und "nicht" ...

Aufwand: bewusster und achtsamer Sprachgebrauch
Empfehlung: täglich anwenden und üben

Verzichten Sie in Ihrer schriftlichen und mündlichen Kommunikation doch einmal ganz bewusst auf Verneinungen jeglicher Form. Das gilt für Sätze mit "nicht" und "kein". Machen Sie dies täglich und wann immer Sie anderen etwas mitteilen wollen. Es ist gewöhnungsbedürftig, ja, oftmals auch richtig schwierig, und es lohnt sich in jedem Falle, weil es die Achtsamkeit steigert, die Stimmung hebt und Ihre allgemeine Zuversicht erhöht. Ich spreche aus der Erfahrung meiner eigenen Praxis.

Natürlich wissen viele Menschen theoretisch um die Wirkkraft von "Ich"-Botschaften und um die des eher eskalierenden oder Abwehr erzeugenden *Du hast/Sie haben*. Ich persönlich mache immer wieder die Erfahrung, dass diese Kommunikationsmuster tief verwurzelt sind, auch bei uns Berufskommunikatoren. Sie zu verändern erfordert viel Aufmerksamkeit und Selbstbeobachtung.

Das Wissen um Kommunikationsphänomene alleine ist zu wenig; Anwendung und ständige Übung sind alles.

Heute geht eine innere Alarmglocke an, wenn ich zu meinem Sohn sage: "Du hast ..." am besten noch in Kombination mit "schon wieder". Mittlerweile verbessern wir uns oft beide schon beim Sprechen selbst – ein intensives Anti-Vorwurfstraining, das – täglich angewendet – Erfolge zeitigt. Meine Einstellung ist, dass es genau diese praktizierten Kleinigkeiten im Alltag sind, die sehr viel bewegen und den Boden für *nachhaltige* Veränderungen bereiten.

Vor allem auf dem großen und weiten Feld der Doppelbotschaften sind bewusste Aussagen sinnvoll. „Ich habe keine Zeit" wird zu: „Ich bin gerade (mit ...) beschäftigt." Dass Sie Zeit für bestimmte (wichtigere) Dinge haben, weil Sie sich diese Zeit nehmen, weiß Ihr Gesprächspartner ja ohnehin.

„Ich habe keine Lust ins Kino zu gehen." Fein, was wollen Sie dann stattdessen unternehmen?

„Ich kann nicht in die Stadt fahren (weil das Auto kaputt ist)." Wenn Sie in die Stadt fahren wollen, muss eine Alternative her. Diese braucht Ihre Aufmerksamkeit mehr als das Beschreiben des Zustands (und, ja, dessen Bejammern ...) Alle Übungen sind Denkanstöße und Einladungen.

Übung: „Und jetzt das Ganze noch einmal – ohne eigentlich!"

Wiederholen Sie den ganzen Satz, sobald Sie sich bewusst sind, dass Sie „eigentlich" gesagt oder den Konjunktiv benutzt haben.

„Ich würde vorschlagen ... "

„Ich hätte gerne ... "

„Ich würde mir wünschen ... "

In Lehrkontexten erlebe ich immer wieder, wie Menschen – und gerade Frauen – sich durch die Wahl solcher Ausdrucksformen selbst schwächen und klein machen. Was soll das **eigentlich** *und was bewirkt es?!*

Wir sind, was wir denken. Unser Denken und unsere Sprache schaffen unsere Realität. Dies ist eine Tatsache, fernab aller Esoterik und abgehobener Gedanken. Wenn ich mich in meinen Gedanken und Aussagen immer darum drehe, was mir fehlt, dann versäume oder missachte ich all das, was ich kann und was ich habe. Es klingt einfach und es ist auch einfach. Und gleichzeitig ist es unendlich schwer, dies im Alltag zu beherzigen.

Dialog-Scripting

Mit Dialog-Scripting habe ich – abgeleitet aus dem Drehbuchschreiben – ein Coaching-Tool entwickelt, das sich auch hervorragend für das Selbst-Coaching eignet. Nach der Vorstellung dieses Werkzeugs werde ich die Wirkung an einem selbst erlebten realen Beispiel verdeutlichen.

Dialog-Scripting ist die „Wunscherfüllungsfee" in Dialogen. „Dialog-Scripting" ist eine Methode, in der Klienten sich einen Wunschdialog in Drehbuchform ausdenken und aufschreiben. Sie übernehmen beim Schreiben nacheinander die Rollen der jeweils Sprechenden. Dialog-Scripting ist sozusagen die **Wunscherfüllungsfee in Dialog-Situationen**. Im Coaching gibt es die Feen-Frage: „Wenn ich eine Fee mit Zauberkräften wäre, was würden Sie sich von mir wünschen?" Die Dialog-Fee fragt stattdessen: „Was wollen Sie von Ihrem Gegenüber hören?" Mit Dialog-Scripting lassen sich verborgene Wünsche, Erwartungen und Bedürfnisse an ein Gegenüber durch frei steuerbare, selbst erdachte Dialoge entschlüsseln. Die Wunschantworten enthalten wertvolle Hinweise auf Lösungen oder Lösungshemmnisse in (schwierigen) Gesprächssituationen und/oder verbalen Konflikten. Dieses Werkzeug lässt sich ebenso in konfliktfreien Situationen einsetzen, um Wünsche, Erwartungen und Bedürfnisse an Gesprächspartner herauszuarbeiten und fassbarer zu machen

Beispiel

Wählen Sie eine sehr deutliche, prägnante oder typische Situation aus, in der dieser Dialog stattfindet. Diese Situation kann so passiert sein – mit anderen Dialogverläufen – oder Ihrer Fantasie entspringen. Beschreiben Sie auch das Umfeld. Wo findet das Gespräch statt? Was macht Gesprächspartner eins, wie fühlt er sich, was sagt er/sie. Was machen Sie selbst, wie fühlen Sie sich, was sagen Sie?

Zum Verdeutlichen ein Beispiel:

ABTEILUNGSLEITER betritt den Raum. TEAMLEITER sitzt am Schreibtisch und telefoniert. Der Abteilungsleiter ist angespannt und nervös, er schaut grimmig. Dann schüttelt er die Anspannung ab und lächelt. Der Teamleiter beendet sein Telefonat und wendet sich dem Abteilungsleiter zu.

ABTEILUNGSLEITER: *„Meier, ich bin sehr überrascht, dass Sie Ihren Abgabetermin ohne jede Vorwarnung verstreichen lassen. Da muss ja etwas passiert sein …?! Das sieht Ihnen doch gar nicht ähnlich."*

TEAMLEITER (Klient): *„Ja, Sie haben recht. Ich freue mich, dass Sie so reagieren."*

ABTEILUNGSLEITER: *„Ihre Terminverzögerung bringt mich in Teufels Küche. Natürlich muss ich sofort wissen, was die termingerechte Abgabe verhindert hat."* Usw.

Der reale Abteilungsleiter aus dem Beispiel des Klienten ist Choleriker und würde den Teamleiter sofort wutentbrannt schwere Vorwürfe machen. Die oben geschilderte Szene zeigt, wie der Teamleiter sich eine solche Situation **wünscht**. Wenn er weiß, dass ein solcher Gesprächsverlauf für ihn optimal ist, kann er die Kommunikation in diese Richtung lenken und sich unabhängig von seinem wütenden, vorwurfsvollen Abteilungsleiter machen. Er kann in der realen Situation bewusst kommunizieren:

TEAMLEITER (sehr ruhig): *„Herr A., ich weiß, dass die Terminverschiebung Sie und mich in Teufels Küche bringt. Ich verstehe, dass Sie sehr aufgebracht sind. Es ist mir wichtig, Ihnen die Hintergründe zu erklären. Die Verzögerung ist von unserem Unternehmen völlig unabhängig eingetreten. Ich habe unter Hochdruck recherchiert und eine Lösung: Die Situation lässt sich folgendermaßen entschärfen ...“*

Schreiben Sie so lange, bis der Dialog zu einem befriedigenden Ergebnis und Ende kommt. Es kann, je nach Vorliebe, auch sinnvoll sein, dass Sie den Dialog laut sprechen. Anschließend haben Sie Hinweise, was Sie selbst tun können, um **Ihre eigene** Kommunikation und **Ihr** Verhalten in die gewünschte Richtung zu verändern. Beides hat direkte Auswirkung auf das Gegenüber des Abteilungsleiters.

Statt eines Perspektivenwechsels, bei dem Sie sich in die Lage eines anderen Menschen versetzen, findet ein imaginärer Austausch statt, der Sie klar erkennen lässt, was Sie (sich) vom anderen erwarten, erhoffen oder wünschen. Liegen diese Bedürfnisse klar auf dem Tisch, können Sie an Ihren eigenen Dialogaussagen in realen Fällen arbeiten, um ein gewünschtes Ergebnis zu erhalten oder Ihren Teil dazu beizutragen.

Dialog-Scripting ist sinnvoll einsetzbar, wenn es kommunikative Spannungen und Störungen mit Menschen aus Ihrem eigenen Umfeld oder dem Umfeld Ihres Klienten gibt. Auch Wünsche, die verdeckt kommuniziert werden, lassen sich durch dieses Tool ans Licht bringen. Es ist sinnvoll, das Werkzeug auf zwei Gesprächspartner, höchstens jedoch drei zu beschränken.

Dialog-Scripting – ein Selbst-Coachingprozess in eigener Sache

Das Konzept der Regie im eigenen Leben ist für mich als Mensch und Coach natürlich ebenso anwendbar wie für meine Klienten. Für mich selbst ist es auch ein Schlüssel für spannende persönliche Prozesse und effektives Selbst-Coaching. Als Regisseurin in meinem Leben bin ich verantwortlich für meine Dialoge. Dass meine „innere Dialogautorin“ hier so manches Mal Ergebnisse abliefert, die optimierbar sind, fällt, wenn es auffällt, in die Sparte meiner Dialogregie.

Dialogphänomene beobachte ich mit großer Spannung: natürlich auch und gerade bei mir selbst. Sie machen etwas mit mir und das betrachte ich gerne in der Rückschau, um mein Bewusstsein zu schärfen und meine Kommunikation gegebenenfalls zu verändern. Ich lade Sie mit den folgenden Reflexionen ein, über Ihre Dialogregie nachzudenken. Dazu gehört auch die Selbstbeobachtung von Lautstärke, Sprechtempo,

Sprachduktus, Stimmmelodie oder Redezeit. Diese Aspekte sind jedoch in der folgenden Reflexion nachrangig.

Eine reale Situation aus meinem Alltag, die ich mir mit Dialog-Scripting genau angesehen habe

Auf den ersten Blick geht es im folgenden Beispiel um die Terminfindung zu einem versprochenen Feedbackgespräch. Ich hatte im Rahmen einer Aufnahmeprüfung an einem Assessment Center teilgenommen und die Aufnahme in das von mir gewünschte Lehrprogramm mit einem Wartelistenplatz knapp verpasst. Unter Lern- und Entwicklungsaspekten erachte ich das Gespräch als wichtig und wertvoll für mich. Eine E-Mail kündigt mir die Kontaktaufnahme des Feedbackgebers an. Danach herrscht Funkstille. Meine Nachfass-Mail, die ich ungefähr eine Woche später sende, bleibt unbeantwortet. Eine zweite Nachfass-Mail, nach einer weiteren Woche an einen anderen Ansprechpartner gesendet, findet umgehend freundliche Erwiderung. Ein Anruf folgt am Abend desselben Tages und diesmal meldet sich sogar der lange angekündigte Feedbackgeber. Das folgende Telefonat habe ich real und im Wortlaut so geführt:

ANRUFER: *„(...) Na, dann wollen wir mal versuchen, das halbwegs hinzubekommen."*

ICH: ...Schweigen. Mein „Meta-Ohr" – das Ohr, mit dem ich Botschaften zwischen den Zeilen und ihre Bedeutung für mich entschlüssele – krümmt sich.

ANRUFER: *„Wann können Sie denn? (... Blättern ...) Na, ich habe mehr zu tun als Sie ... Das sieht ganz schlecht aus ... Wie wäre der Soundsovielte ... 14 Uhr?"*

ICH (sehr zögerlich): *„Okay, 15 Uhr passt mir besser."*

ANRUFER: *„Gut. Bis dahin also."*

Wir legen nach der Verabschiedung den Hörer auf und ich fühle mich einfach rundherum unwohl. Das Telefonat hat einige Saiten in mir zum Klingen gebracht und, ja, ich bin tatsächlich ganz schön genervt. Warum genau, erschließt sich mir später in der Retrospektive beim Reflektieren des Gesagten. Auch ohne dezidierte NLP-Anhängerin (Neurolinguistisches Programmieren) zu sein, höre ich in Worten wie „versuchen, das halbwegs hinzubekommen" eine Botschaft zwischen den Zeilen. Vielleicht dechiffrieren andere Menschen hier etwas völlig anderes, ich jedenfalls höre da etwas wie: „Bringen wir's demnächst mal hinter uns, auch wenn ich andere Sachen zu tun habe, wenn's denn unbedingt sein muss." Schon das „halbwegs hinzubekommen" kombiniert mit „versuchen" missfällt mir. Der Satz, der Anrufer habe mehr zu tun als ich, tut sein Übriges.

Wende ich mein Coaching-Tool hier nun in einem imaginären Wunschdialog selbst an, sieht das so aus:

ANRUFER: *„Ich habe von meinen Kollegen gehört, dass Sie bereits mehrmals wegen des Feedbacktermins nachgefragt haben. Meine Kollegen und ich freuen uns darüber, dass Ihnen unsere Rückmeldung so wichtig ist. Umso mehr tut es mir leid, dass ich Sie erst heute anrufe.“*

ICH: *„Ja, ich warte schon seit ungefähr drei Wochen auf die versprochene Rückmeldung. Der Termin, über den wir reden wollen, ist ja mittlerweile fast zwei Monate her ...“*

ANRUFER: *„Ich verstehe Sie gut, Feedback ist natürlich zeitnah am effektivsten. Im Moment bin ich sehr viel unterwegs und das ist leider auch noch in den kommenden beiden Wochen so. Es bleiben bei mir gerade auch andere wichtige Dinge liegen. Meine Kollegen bekommen ebenfalls erst nach Wartezeit Termine.“*

ICH: *„Das hört sich tatsächlich nach einer Menge Arbeit an, ich verstehe. Sie sind derzeit extrem eingespannt.“*

ANRUFER: *„Ja, genau. Was ich Ihnen anbieten kann, ist ein Termin Ende des Monats. Wenn Ihnen das zu spät ist, kann ich das natürlich nachvollziehen. Dann gibt es noch die Möglichkeit, dass ein Kollege das Feedback übernimmt. Was ist Ihnen lieber?“*

ICH: *„Ich nehme gerne Ihr Angebot an, das Gespräch zeitnaher zu führen. Zwei Wochen sind mir, ehrlich gesagt, zu lange hin.“*

ANRUFER: *„In Ordnung, ich kümmere mich gleich im Anschluss darum. Sie hören noch diese Woche von uns, versprochen.“*

ICH: *„Danke für die Terminalternative.“*

ANRUFER: *„Bitte, gerne. Ich freue mich, dass wir das geklärt haben. Einen schönen Abend wünsche ich Ihnen und natürlich ein ergiebiges Feedbackgespräch.“*

In dem realen Telefonat hatte ich mich stark zurückgenommen und in der Kommunikation trat – defensiv – völlig in den Hintergrund, was ich selbst wollte und brauchte. Gleichzeitig fühlte ich mich als „Opfer". Was genau ich brauche, zeigt mir der imaginäre Dialog, in dem ich beide Sprechrollen übernehme. Wertschätzende Kommunikation statt „Halbwegsversuche" und Zeitnähe nach dem langen Warten. Gesagt habe ich im realen Gespräch etwas anderes und geärgert habe ich mich obendrein auch noch. Mein Part in dieser nach meiner Wahrnehmung misslungenen Kommunikation war das defensive Schweigen und unthematisierte Hinnehmen des Gesagten.

Mein eigener Anteil an der misslungenen Kommunikation

Auch ich habe im Laufe des Dialog-Scripting Verbesserungspotenzial entdeckt, nachdem ich die „Wunscherfüllungsfee in Dialogsettings" im Selbst-Coaching angewendet habe. Könnte ich das Gespräch zurückspulen, liefe es von meiner Seite jetzt so:

ANRUFER: *„Na, dann wollen wir mal versuchen, das halbwegs hinzubekommen."*

ICH: ... Schweigen. Mein „Meta-Ohr" – das Ohr, mit dem ich Botschaften zwischen den Zeilen und ihre Bedeutung für mich entschlüssele – krümmt sich.

ANRUFER: *„Wann können Sie denn? (... Blättern ...) Na, ich habe mehr zu tun als Sie ... Das sieht ganz schlecht aus ... Wie wäre der Soundsovielte ... 14 Uhr?"*

ICH: *„Ich entnehme Ihren Worten, dass Sie eine Menge zu tun haben. Ich finde es nett, dass Sie mir diesen Termin in zwei Wochen anbieten. Mir ist es jetzt vor allem wichtig, das Gespräch zeitnah zu führen. Sie haben eingangs gesagt, wir wollen versuchen, das halbwegs hinzubekommen. Das ist mir zu wenig. Ist es möglich, das Gespräch mit einem anderen Mitarbeiter zu führen? Unter den gegebenen Umständen ist mir das am liebsten."*

In der realen Situation habe ich übrigens nach einem Tag „Sacken-Lassen" des Telefonats den Termin storniert. Gerade für ein effektives Feedbackgespräch finde ich eine ungetrübte Kommunikations- und auch Vertrauensbasis sehr wichtig. Diese war aus meiner Sicht nach dem Telefonat nicht mehr gegeben.

Dass ich auch in der Realität tatsächlich noch zu einem sehr wertvollen und inspirierenden Feedbackgespräch kam, verdanke ich übrigens ebenfalls einer Kommunikation, und zwar einer sehr geglückten, wie ich fand. Ich hatte mein Befremden über das Telefonat an einen Ansprechpartner adressiert – in reinen Ich-Botschaften, allerdings noch ohne meinen Eigenanteil reflektiert zu haben. Dieser antwortete mir in einer sehr verbindlichen, konstruktiven E-Mail und machte mir ein Angebot, die entstandene Irritation aufzulösen.

Diese Episode war für mich der Zündfunke für die Frage, wie kritisch wir – auch und gerade als Profis – unsere eigene Kommunikation hinterfragen, vor allem, wenn etwas unglücklich läuft. Ich mache oft die Erfahrung, dass gerade im Themen- und Spannungsfeld der Kommunikation „Binsenwahrheiten" links liegen bleiben. Gewusst wie ist eben doch etwas anderes als tatsächlich angewandt. Doch gerade diese vermeintlichen „Peanuts" haben oft große Wirkung in die eine oder eben auch andere Richtung.

Neue Rahmenhandlungen und Neudefinitionen

Rahmen für unsere Handlungen legen wir selbst fest. Tag für Tag können wir uns tatsächlich selbst neu definieren und erfinden, wenn es uns gefällt. Stresst oder nervt es Sie, einkaufen zu gehen? Wie wäre es, sich beim Betreten des Supermarktes vorzustellen, dass Sie unermesslich reich sind, weil Sie einfach in ein Geschäft gehen und sich nehmen können, was Sie wollen? Das Angebot, die Farben, die Gerüche, die Vielfalt, die Qualität der angebotenen Waren – ein Paradies. Bei diesem Supermarktbesuch kann sich Ihr Gefühl verwandeln: in eine ganz neue Rahmenhandlung. Wenn ich einkaufen gehe, rufe ich mir dieses Bewusstsein wach und empfinde diese Tätigkeit als Bereicherung statt als lästige Pflicht.

Denken Sie über Begriffe wie *„Erfolgreichsein"* oder über das *„Glück-*   Was ist für Sie Erfolg? *lichsein"* nach? Was genau bedeuten diese Definitionen? Wann sind Sie in Ihrer eigenen Wahrnehmung erfolgreich (*reich an Folgen*)? Für mich persönlich lautet die Antwort: Ich bin dann erfolgreich, wenn ich etwas mache, das einen oder mehrere Effekte hat, die mir gefallen.

Wie fühlt es sich für Sie an, das Grundgefühl für den eigenen Erfolg einfach an Ihrer eigenen Existenz festzumachen? Im Jahr 2007 als Nachkomme Tausender Menschen und unzähliger Generationen am Leben zu sein, sich mit seinen Erbinformationen unter Millionen von Samen- und Eizellen durchgesetzt zu haben – dies alleine macht uns bereits zu Gewinnern. Ich meine das ernsthaft. Wenn wir morgens aufstehen und in uns dieses Bewusstsein wachrufen, dass wir schon allein durch unsere Existenz wirken und erfolgreich sind, verändert sich auf lange Sicht etwas am Lebensgrundgefühl und an dem Gefühl zur eigenen Person. Wenn wir uns dann dazu bewusst machen, dass unsere Gesundheit und alle unsere intakten sinnlichen Fähigkeiten ein großes Geschenk sind, steigern wir dieses Gefühl noch. Haben Sie das schon x-mal irgendwo gehört oder gelesen? Ist es auch hier so wie mit unserem Wissen um „Du"-Botschaften? Wir wissen diese Dinge und vergessen sie im Alltag sehr schnell und gerne?

Louise L. Hay legt in ihren Büchern dar, wie sehr die Kraft unserer Gedanken das Leben, das wir führen, beeinflussen kann. Wir haben auch in der Hand, was wir genau über uns und unser Leben denken. Es ist reine Übungssache und erfordert einfach Achtsamkeit für den Strom unserer täglichen Gedanken. Sobald wir diese Entscheidung bewusst treffen, steigen wir aus negativen Gedankenströmen und sich selbst erfüllenden Prophezeiungen aus.

Auch die hawaiianische Huna-Lehre kann wertvolle Impulse für die Wahrnehmung des eigenen Lebens geben. Die sieben Huna-Prinzipien sind:

IKE
Die Welt ist, wofür du sie hältst.

KALA
Es gibt keine Grenzen.

MAKIA
Energie folgt der Aufmerksamkeit.

MANAWA
Jetzt ist der Augenblick der Macht.

ALOHA
Lieben heißt, glücklich sein mit ... (dem, was du hast.)

MANA
Alle Macht kommt von innen.

PONO
Wirksamkeit ist das Maß der Wahrheit.

Segne die Gegenwart.
Vertrau auf dich selbst.
Erwarte das Beste.

Empfinden Sie Widerstand, wenn Sie diese Sätze lesen? Wie stark verspüren Sie Widerwillen, wenn Sie diese Prinzipien auf sich wirken lassen? Erwidert etwas in Ihnen sofort: „Esoterisches Schönreden! Die Welt ist, wie sie ist, und nicht so, wie ich sie sehe!"

Welchen Vorteil hat die Opferrolle? Hat es einen Vorteil oder Gewinn, sich selbst in einer Opferrolle wahrzunehmen und darin zu verharren? Solch ein Gewinn kann sein, die Verantwortung für das eigene Leben wegzuschieben und anderen die „Schuld" zu geben. „Das Leben ist so ... ungerecht, unfair, hart ..." Dieses Denken ist vielen Menschen vertraut und gleichzeitig bequem. Wenn wir Gedanken an die Eigenverantwortlichkeit unserer Lebensgestaltung ablehnen, „werden wir gelebt", dann schreibt uns unser Skript statt umgekehrt. Dann werden wir besetzt, statt bewusst selbst zu besetzen. Die Umkehrungen der sieben Strategien für effektvolles Selbst-Coaching stammen aus persönlichen Lebenserfahrungen und real gelebtem Leben.

Affirmationen

Kennen Sie Filme über Versager? In Filmen über Loser wirkt ein Glaubenssatz ständig und pausenlos wie eine Endlosschleife im Hintergrund: „Ich bin ein Versager! Ich kann es nicht! Ich schaffe es niemals!" Der Hauptdarsteller, der dies glaubt, lässt diese Überzeugung immer mitlaufen und verhält sich entsprechend. Egal, wohin er geht und mit wem er oder sie es zu tun hat. Kommt Ihnen das bekannt vor? Kennen Sie auch solche inneren Glaubenssätze und Blockaden? Sind Sie in Ihren inneren Regieanweisungen gnadenlos und unerbittlich zu sich selbst?

Was plappert die Stimme in Ihrem Kopf? Sagt sie: „Du wirst nie einen neuen Job finden!"? „Du wirst für den Rest deines Lebens alleine bleiben! Welcher Mann/welche Frau soll sich schon für dich interessieren oder sich gar in dich verlieben!?"

Wichtig ist, diese Stimmen zu identifizieren und sie tatsächlich herauszuhören. Da sie uns so sehr vertraut sind, laufen sie oftmals völlig automatisch mit. Hören Sie hin: Diese Stimmen und das, was Sie Ihnen zuflüstern, schaffen Ihre Realität. Stellen Sie sich bitte vor, dass Sie seit mehreren Jahren ohne Partner leben und zu diesem Thema schon oder schon fast resigniert haben. Wie gehen Sie auf Männer oder Frauen zu? Was meinen Sie? Strahlen Sie neue Menschen an, die Sie kennenlernen? Machen Sie andere neugierig darauf, Sie kennenzulernen? Drücken Ihr Gesicht, Ihre Mimik, Ihre Gestik, Ihr ganzer Körper Lebensfreude aus, wenn in Ihrer (unbewussten) Endlosschleife die Daueransage herrscht: „Ich bin schon so alt und so lange alleine, dass sich für mich sowieso keiner mehr interessiert!"

Auch für die detaillierte Arbeit an alten destruktiven und mit neuen lebensbejahenden Glaubenssätzen bietet Louise L. Hay wertvolle Impulse. Sie hat, wie ich finde, wunderbare, farbenfroh gestaltete Kartensets publiziert und auch ihre Bücher sind hilfreich, um negativen Glaubenssätzen und Überzeugungen zu Leibe zu rücken. Dies meine ich auch ganz wörtlich, denn negative Überzeugungen über uns selbst, unser Leben und andere Menschen machen uns auf Dauer nachgewiesenermaßen krank. Louise L. Hay war selbst krebskrank und hat durch eine veränderte Denkweise auch ihre Krankheit für sich zum Besten verwandelt.

Symbole & Visualisierungen

Sind Sie ein visueller Mensch? Um zielgerichtete Gedanken und Aussagen zu verankern, arbeiten manche Menschen gerne und oft mit Bildern, geschriebenen Sätzen, Karten oder Skulpturen. Viele meiner Klienten teilen diese Vorliebe des Symbolisierens und visuellen Verankerns. Ein Beispiel dafür ist der Schreibtisch einer Freiberuflerin, die in erster Linie mit Kopf und Tastatur arbeitet. Am Schreibtisch, am Computer und am Telefon spielen sich die meisten kreativen Prozesse ab. Rund um den Schreibtisch ist eine wahre Fundgrube an Symbolen und positiven Assoziationen entstanden. Als Symbol für die erfolgreiche Selbstständigkeit nach vielen Jahren Festanstellung in der Industrie hat die Klientin sich selbst eine kleine Skulptur der Künstlerin MÁRA! geschenkt: *Erfolgsleiter* nennt sich diese. Die Skulptur steht direkt vor ihrem Monitor. Manchmal sieht die Klientin sie nur unbewusst, weil andere Dinge und Tätigkeiten ihre Aufmerksamkeit binden. Trotzdem trägt diese Skulptur eine Botschaft, die auf das Engste mit dem Arbeitsplatz verbunden ist: Erfolg und eine Aufwärtsbewegung. Damit verbindet die Kleinunternehmerin vor allem Entwicklung und Transformation. „Aufstieg" im landläufigen Sinne von „schneller, höher, weiter" ist für sie etwas anderes.

Symbole verankern: Sie malen, fotografieren, basteln ... Ihre Symbole.

Immer wieder rufen solche Methoden der Selbstsuggestion und Neuprogrammierung alter negativer Gedankenmuster und Glaubenssätze auch skeptisches Stirnrunzeln hervor. Wie sehen Sie das für sich?

Wer sich bewusst dazu entschließt, an hemmenden Gedanken und Glaubenssätzen festzuhalten, macht dies nach seiner Façon. Die meisten Menschen, die den Stimmen in ihrem Inneren lauschen, glauben diesem Geplapper allerdings und nehmen die Geschichten, die sie hören, für bare Münze. In meiner Wahrnehmung ist dies ein Verlust: der Verlust der Lebendigkeit. Sind Sie sich dessen bewusst, wenn Sie auf Ihr inneres Geplapper hereinzufallen drohen? Machen Sie dann Ihr inneres Ohr ganz weit auf, um zu hören, was Ihnen die Botschaft im Kern sagen will?

Hören Sie auch auffallend häufig Menschen um sich herum sagen: „Der Markt ist heute sehr, sehr schwierig! Ich finde keine neuen Kunden und meine alten Kunden sind sehr zurückhaltend mit ihren Budgets. Ich habe meinen Stundensatz nun angepasst und nach unten korrigiert, leider." Seufzen. Stirnrunzeln. Was hält diese Menschen wohl davon ab, über die Kunden nachzudenken, die Interesse an ihrer Dienstleistung haben und wie sie diese finden oder sie zu ihnen führen? Worauf richten Sie Ihre Aufmerksamkeit? Konzentrieren Sie sich auf das, was da ist, statt auf einen fantasierten Mangel?

Auch ich habe Symbole und Visualisierungen in meiner Arbeitsumgebung. Während der Coaching-Ausbildung konnten wir uns Postkarten aussuchen. Mich sprach von Ferne eine wegen der Farbgestaltung an, denn Blau- und Grüntöne mag ich sehr. Das Motiv selbst sah aus der Entfernung verschwommen aus, sodass ich näher hinging. Auf der Postkarte waren drei Boote abgebildet und eine Frau mit einem Holzruder über der Schulter. Das faszinierte mich, denn an diesem Coaching-Wochenende war es um Fragen zu meiner beruflichen Situation und Neuorientierung gegangen. In einem Prozess mit einer Ausbildungskollegin hatte ich herausgearbeitet, dass ich meine Selbstständigkeit auf drei Standbeine stellen wollte. So gesehen war die Karte mit den drei Booten eine wunderbare Analogie zu meiner Situation. Ich kann jedes der Boote nehmen und damit hinausfahren. Später kaufte ich mir eine andere Karte dazu, auf der drei große Fische zu sehen sind: meine potenziellen guten Fänge. Zuletzt setzte ich drei Lapislazuli-Steinfische oben auf den breiten Bilderrahmen. Auch diese Affirmationen wirken. Ich finde das sehr angenehm, denn ich setze mich mit einem guten Gefühl an meinen Rechner und arbeite voller Zuversicht und im Vertrauen. Meine Kreativität beginnt zu fließen und die Freude überträgt sich auf meine Arbeitsergebnisse: Die Texte und Konzepte kommen gut an und bestätigen den Erfolg meiner Arbeit.

Bestärkende Glaubenssätze und Symbole verändern

Solche Tools sind alles andere als *Zauberei, Esoterik oder Aberglaube*. Sie ermöglichen, in einen gegenwärtigen, positiven Gedankenfluss zu gehen, anstatt sich den Kopf über mögliches wirtschaftliches Scheitern zu zerbrechen. Ja, selbstverständlich können wir uns unsere Zukunft in den düstersten Farben ausmalen. Ebenso ist es möglich, seine Gedanken in die entgegengesetzte Richtung zu lenken. Auch hier greift das Motto: Energie folgt der Aufmerksamkeit. Was wir beachten, wächst. Wenn wir in der Gegenwart am Schreibtisch sitzen und durch Skulpturen, Postkarten oder Fotos ein angenehmes Grundgefühl verankern, beeinflusst dies unsere Laune, unser Energieniveau, unser Sein. Wir gehen anders ans Telefon und begegnen Menschen, Herausforderungen oder Konflikten auf eine andere Weise. Wir sind in diesen Momenten einfach bei uns selbst, in unserer Mitte.

Aufgaben

Selbst-Coaching

1. Finden Sie Ihre passende Affirmation
Vergegenwärtigen Sie sich, in welchem Lebensbereich Sie sich am dringlichsten eine Veränderung wünschen. Machen Sie sich klar bewusst, was Sie sich wünschen. Welchem Bedürfnis entspringt dieser Wunsch? Formulieren Sie daraus Ihre Affirmation. Wichtig dabei ist: Gegenwart statt Zukunft und auszudrücken, was Sie sich wünschen, statt das, was Sie ablehnen oder vermeiden wollen.

Zum Beispiel: Wenn Sie arbeitslos sind und sich eine neue Stelle wünschen, formulieren Sie einen zu Ihnen passenden Satz wie: „Ich entfalte meine Talente und Fähigkeiten als ... zur vollen Blüte an meinem neuen Arbeitsplatz." Schließen Sie die Augen und träumen Sie sich an diesen Wunscharbeitsplatz. Malen Sie sich alles in allen Einzelheiten aus. Wie fühlt es sich an? Was hören Sie? Wer sind Ihre Kollegen? Schreiben Sie den Affirmationssatz auf und stellen/hängen Sie ihn an einen Ort, an dem Sie ihn oft sehen. Auch mit Augenbrauenstift am Badezimmerspiegel kann eine Möglichkeit sein. Lesen Sie den Satz möglichst mehrmals am Tag laut vor.

2. Materialisierter Traum
Vergegenwärtigen Sie sich Ihren großen Traum. Visualisieren oder materialisieren Sie ihn. Besorgen Sie sich Ton oder Knete, Zeitschriftenbilder oder Postkarten oder was immer in Ihren Augen für Ihren Traum steht.

Ein Beispiel aus dem realen Leben: Meine beste Freundin hatte jahrelang den Traum, ein Cabrio zu fahren. Sie kaufte sich ein Modellauto ihrer Wunschmarke und stellte dieses in ihr Wohnzimmer. Ein paar Jahre später hatte sie das Auto. Solche materialisierten Wünsche entfalten eine starke Sogwirkung und werden so zum „Traumanschieber".

3. Wohlfühl-Genuss

Wann haben Sie das letzte Mal etwas sehr genossen? Was war das? Wie lange ist das her? Was haben Sie gefühlt? Woran haben Sie gemerkt, dass Sie es genossen haben?

Tun Sie noch heute etwas für Ihr Wohlbefinden. Das kann eine Tasse heiße Schokolade sein, die Sie sich zubereiten, oder das Buchen einer Urlaubsreise, die Sie schon lange machen wollen.

4. Wunsch-Dialog

Dialog-Scripting eignet sich zum einen für schwierige Kommunikationssituationen. Genauso lässt sich dieses Tool auch für einen traumhaften Dialog mit einem Menschen Ihrer Wahl einsetzen.

Was genau hören Sie gerne von diesem Menschen? Was sagt er? Was sagen Sie selbst? Welches Ergebnis hat dieses Gespräch? Filtern Sie aus Ihrem Wunschgespräch Impulse und Anregungen für Ihre Beziehung.

5. Machen Sie eine Szene!

Drehbücher sind im Präsens geschrieben. Jede Szene ist genau beschrieben. Denken Sie an das, was Sie sich am meisten in Ihrem Leben wünschen. Dann schreiben Sie eine Drehbuchszene zu diesem Wunsch. Formulieren Sie alles genau. (Ein Beispiel für eine solche Szene finden Sie auf Seite 165 im Anhang dieses Buches.)

6. Film-Klappe

Wir neigen dazu, Verhaltensweisen zu wiederholen, selbst wenn sie uns missfallen. Haben Sie Schwierigkeiten damit, „Nein" zu sagen? Vergegenwärtigen Sie sich eine Situation, in der Sie „Ja" gesagt haben, obwohl Sie tatsächlich „Nein" meinten. Schauen Sie sich diese Situation vor Ihrem geistigen Auge genau an. Dann holen Sie Ihre imaginäre Film-Klappe hervor und lassen sie laut und deutlich zusammenklappen. Dies markiert den akustischen Startpunkt für eine neue Einstellung der Szene. Entwickeln Sie eine Alternativszene, indem Sie als Ich-Botschaft klar und deutlich „Nein" sagen. Stellen Sie sich die bestmögliche Reaktion Ihres Gegenübers dazu vor. Auch in Ihrer Fantasie können Sie neues Verhalten trainieren. Der wichtigste Schritt ist, die Angst davor zu verlieren.

7. Schnitt! Aufstieg auf die Metaebene

Sehen Sie sich bewusst eine Situation an, die Ihnen ein Unwohlsein verursacht oder geschadet hat. Schauen Sie bis zu dem Punkt zu, an dem das unangenehme Gefühl deutlich spürbar ist. Dann rufen Sie innerlich:

Aus! Schnitt! Cut! Statt zu agieren, sagen Sie, dass Sie sich gerade schlecht fühlen und was der Auslöser dafür ist. So gehen Sie auf die Metaebene und steigen aus der negativen Dynamik aus. Die meisten Probleme haben ihre Ursache in Automatismen. „Stopp" oder „Schnitt" zu sagen, ist eine wertvolle Ressource, die sich trainieren lässt.

Coaching mit Klienten

1. Glaubenssatz-Knacker

Knacken Sie gemeinsam mit Ihrem Klienten seinen wesentlichen **gegen-energetischen** Glaubenssatz. Hier kann die Frage hilfreich sein: „Was hat Sie bisher abgehalten, in Ihrem Leben die gewünschte Änderung zu realisieren/Ihren Traum zu verwirklichen?" In der Antwort kann sich die alles entscheidende Verhinderungsüberzeugung verbergen.

Lassen Sie Ihren Klienten aus der negativen Überzeugung eine Affirmation formulieren, indem er den Satz **pro-energetisch** umkehrt.

2. Kein-freie Zone

Das Gestalten einer bewussten „nein"- und „kein"-freien Coaching-Sitzung kann Sie selbst als Coach und Ihren Klienten für die eigene Kommunikation sensibilisieren. Dies macht besonders dann Sinn, wenn Sie und Ihr Klient sich mit dem Thema Visionen oder neu zu definierende Glaubenssätze befassen. In dem Moment, in dem Sie als Berater dasselbe Commitment eingehen wie Ihr Klient, stellen Sie eine besondere Form der gleichen Augenhöhe her.

Die *kein-freie Zone* ist eine Form von Kommunikationstraining im Coaching-Setting. Der Reiz liegt dabei in der bewussten Formulierung dessen, was wir wollen, statt im Verneinen und Negieren dessen, was wir ablehnen und vermeiden. Vereinbaren Sie, dass Sie sich gegenseitig darauf hinweisen, wenn Sie Negationen verwenden und/oder dann den Satz erneut ohne „nicht" und „kein" sprechen. Dies ist anfangs sehr ungewohnt. Es durchzuhalten kann sich lohnen. Die Bereitschaft Ihres Klienten, sich auf dieses Spiel einzulassen, ist selbstverständlich die unabdingbare Voraussetzung dafür.

3. Materialisierter Traum

Lassen Sie Ihren Klienten seinen Traum/seine Vision mit den Sinnen erlebbar gestalten. Schon das Suchen nach entsprechenden Materialien regt den Energie- und Fantasiefluss an. Auch immaterielle Träume lassen sich symbolisieren und darstellen. Dies kann ebenfalls eine gute Hausaufgabe sein.

4. Lassen Sie Ihren Klienten eine Szene machen!

Es gibt viele Tools, um Klienten Zugang zu ihren Visionen/Träumen zu ermöglichen und diese zu verankern. Eine Drehbuch-Szene zu entwickeln, eignet sich gut, weil Drehbücher im Präsens geschrieben und damit real sind. Lassen Sie Ihren Klienten eine solche Szene genau herausarbeiten. (Ein Beispiel für eine solche Szene finden Sie im Anhang auf Seite 165.)

5. Filmischer Nachruf

Ähnlich wie die Coaching-Tools „Grabesrede" oder „Rede zum 80. Geburtstag" lässt sich ein gewünschtes Lebensresümee auch in einem filmischen Nachruf oder einer Filmbiografie erzählen. Lassen Sie Ihren Klienten aus seinem Leben die wichtigsten Etappen für ein solches Filmskript festhalten, die nach seiner Meinung unbedingt in den Film gehören – auch die noch vor ihm liegenden, noch ausstehenden Stationen. Je intensiver der Klient seine Bilder vor sich sieht und benennt, umso besser kann er diese ankern.

6. Film-Klappe

Lassen Sie Ihren Klienten eine Situation durchleben, in der er mit seinem eigenen, gewohnten Verhalten unzufrieden war. Dinge lassen sich auch anders als konditioniert gestalten. Mit dem Tool „Film-Klappe" setzt Ihr Klient da, „wo es weh tut, hakt oder klemmt", einen neuen Anfangspunkt für eine Szene, um sie nach seinen wahren Bedürfnissen zu verändern. Was in der Imagination, im Kopfkino anders zu laufen beginnt, verändert sich dann auch im realen Leben einfacher und leichter.

7. Schnitt! Aufstieg auf die Metaebene

Sehen Sie sich bewusst mit Ihrem Klienten eine Situation an, die ihm Unwohlsein verursacht oder geschadet hat. Lassen Sie ihn bis zu dem Punkt zusehen, an dem das unangenehme Gefühl deutlich spürbar ist. Dann lassen Sie ihn innerlich oder auch hörbar: „Aus! Schnitt! Cut!" rufen. Statt zu agieren, benennt er seine Gefühle, wie diese sich genau äußern und was der Auslöser dafür ist. So dissoziiert steigt der Klient aus der negativen Dynamik aus und sieht sie sich mit Ihrer Unterstützung aus einer Beobachterperspektive an. Die meisten Probleme haben ihre Ursache in Automatismen. „Stopp" oder „Schnitt" zu sagen, ist eine wertvolle Ressource, die sich trainieren lässt.

Strategie 3:
Besetzen Sie Ihre Darsteller ...?
(... bevor diese Sie besetzen)

Casting nennen Filmleute das Vorsprechen und Besetzen von Rollen. Für sämtliche Haupt- und Nebenrollen lassen sich Akteure casten.

Haupt- und Nebendarsteller bevölkern unser Leben sogar in zweifacher Hinsicht: Es sind einerseits die Menschen, denen wir wichtige Rollen in unserem äußeren Leben geben. Seit Mitte der 1980er-Jahre hat sich in der Persönlichkeitspsychologie die Erkenntnis durchgesetzt, dass wir andererseits in unserem Inneren ein ganzes Team von Persönlichkeiten mit entsprechenden Energien und Dynamiken beherbergen.

Die Crew: Ihr inneres und äußeres Team

Ihr inneres Team steht in einem direkten Zusammenhang mit den Menschen, die Sie in Ihrem Leben umgeben. Wenn wir verstehen wollen, welche Menschen wir in unserem Leben anziehen oder auch abstoßen, gibt uns die ehrliche und offene Innenschau wertvolle Hinweise. Immer wieder erzählen mir Klienten, dass sie einer ganz bestimmten Art von Menschen fast automatisch in ihrem Leben wichtige Rollen in ihrer nächsten Nähe geben. In der Interaktion mit diesen Besetzungen der Hauptrollen leiden sie jedoch immer wieder oder sind unglücklich. Dasselbe gilt meist auch für die Besetzungen selbst. Sehr oft haben diese „Rollen-Castings" etwas mit unseren Selektions*mustern* zu tun, die uns in den seltensten Fällen bewusst und zugänglich sind.

Der möglicherweise durch schwierige Beziehungen entstehende enorme Leidensdruck kann auch eine Therapie nahe legen. Es hängt davon ab, wie Ihre inneren Energie- und Persönlichkeitsmuster ausgeprägt sind, wie viel sich im „Untergrund" tut und ob Sie sie aus eigener Kraft verändern.

Ihr inneres Team

Die Arbeit von Hal und Sidra Stone, mit der ich während meiner Ausbildung zum Coach in Berührung kam, hat mich sofort fasziniert und beflügelt. Beim Lesen des Buches „Embracing Our Selves" hatte ich viele Aha-Erlebnisse, die mich aufwühlten und zum Lachen brachten, kurz einfach sehr bewegten. Ich spürte, dass ich hier eine Methode für mich entdeckt hatte, die sich ebenso wunderbar in der Selbstreflexion einsetzen lässt wie in der Arbeit mit Coaching-Klienten.

Unser Lebensregisseur dirigiert auch das innere Team.

Hier greift auch das Bild vom Regisseur auf eine gestaltende und wie ich finde höchst effektive Weise: Unser innerer Regisseur bzw. unsere innere Regisseurin, vergleichbar mit dem bewussten Ich („aware ego") hat im optimalen Falle den Überblick, hält die Fäden in der Hand und ist die Instanz, die das Bewusstsein steuert und uns letztlich agieren lässt. Das ist die Verantwortlichkeit, die unserem Leben die Machtfülle gibt. Eine Fülle an Möglichkeiten und Macht, auf die wir alle Zugriff haben können. Für mich ist der Begriff Macht positiv besetzt, weil ich damit die *Energie des Machens* assoziiere statt den (potenziellen) Missbrauch.

Der Regisseur ist also etwas anderes als das „Ego", das uns ständig zuflüstert, dass wir im falschen Film sind. Der Regisseur hat im optimalen Falle Zugriff auf alle Energien unserer Persönlichkeit – und damit meine ich: wirklich alle. Das setzt voraus, dass wir unsere innere Filmcrew sehr gut kennen, auch die Mitglieder, die wir vielleicht schon von Kindheit an von unserem Set verbannt haben oder die sich immer in den hintersten Reihen aufhalten und kaum je gewollt im Einsatz sind.

Solange wir *unbewusst* leben, ahnen wir nur, dass wir auf bestimmte Situationen *muster-gültig* reagieren. Wir verhalten uns nach einem Schema. Das Konzept von Hal und Sidra Stone geht davon aus, dass einige unserer „primären Selbste", wie sie es nennen, an unserem Filmset das Sagen haben. Es sind die Persönlichkeitsanteile, die wir am stärksten in uns kultiviert und verankert haben. Ursprünglich diente das unserem Überleben, denn die Identifikation mit bestimmten Energiemustern in uns stammt aus unserer Kindheit, meist aus den frühen Lebensjahren. Um unser Überleben zu sichern, um Nahrung und Pflege zu bekommen, scannten wir unseren Lebensraum und die Menschen darin mit hochsensiblen Radaren ab. Wir erfassten instinktiv und durch Beobachten, welches Verhalten angezeigt war. Abweichungen davon registrierten wir.

Im Laufe unserer Kindheit wuchs das Repertoire an möglichen Fehlern, die wir machen konnten. Unser innerer Kritiker wuchs immer mit. Er wollte und will uns noch heute behüten, etwas falsch zu machen. Oft sind seine Aussagen vergleichbar mit den Stimmen unserer Eltern, Lehrer oder anderer Bezugspersonen. In dem Moment, in dem diese innere Kraft in uns das Steuer übernimmt, unterdrücken wir die Gegenenergie dieses primären Selbst oder verdrängen sie gar komplett. Das bedeutet, ein inneres Sich-selbst-Loben und Anerkennen entfällt. Wir nörgeln und kritisieren in einem fort an uns selbst herum und: Wir übertragen einen Teil dieser Energie nach außen. Auch die Menschen unserer Umwelt bekommen dieses Dauerkritikfeuer ab, indem wir sie ebenso kritisch hinterfragen wie uns selbst. Manche Menschen sind dabei im wahrsten Sinne des Wortes kritiksüchtig.

Bei vielen Menschen führen, ohne dass sie sich darüber bewusst sind, drei mächtige innere Persönlichkeiten an ihrem Filmset Regie: der innere Kritiker, der Antreiber und der Perfektionist. Diese drei Energien verbünden sich besonders gerne und machen uns das Leben schwer, weil die gegenpolaren Energien fehlen oder nur sehr schwach ausgeprägt sind. Auch der innere Kritiker hat ein Pendant: den inneren Anerkenner. Der Antreiber ist energetisch verbunden mit dem inneren Lebensgenießer, der auch alle fünf gerade sein lässt, und der Perfektionist mit dem – nennen wir ihn – Fehlerverzeiher.

Die am weitesten verbreiteten inneren Machthaber: innerer Kritiker, Antreiber und Perfektionist

Der Perfektionist ist ein Illusionär. Realität ist, dass Perfektion und Fehlerfreiheit Mythos, Illusion und Märchen sind. Das Anklammern an den Wunsch, perfekt zu sein und alles perfekt zu machen, bewirkt genau das Gegenteil dessen, was wir uns wünschen. Gerade weil wir so verspannt und zwanghaft alles richtig machen wollen, damit andere uns annehmen, stoßen wir diese Menschen durch unser Verhalten und unsere Energie von uns weg und/oder vor den Kopf.

Was bedeutet es, wenn die gegenpolaren Energien weg oder schwer greifbar sind? Uns fehlt einfach der Zugriff, was ein dramatisches Ungleichgewicht zur Folge haben und sich auf längere Sicht in Krankheit äußern kann. In jedem Falle absorbiert der Versuch, Verdrängtes unter der Decke zu halten, immense Energien, die uns fehlen, um sie in einem erfüllend(er)en Leben einzusetzen.

Von Antreibern und Kritikern im Außen

In der Industrie habe ich einmal in der Gestalt eines sogenannten Spitzenmanagers dieses Triumvirat aus Kritiker, Perfektionist und Antreiber kennengelernt. Dieser hoch dotierte Mann stellte sich mit Vorliebe um die Nachmittagszeit in der Nähe des Ausgangs auf. Einmal bin ich ihm selbst in die Arme gelaufen. Es spielte sich folgende Szene ab: „Aha, Frau Heinzelmann, Sie können sich also erlauben, *jetzt* schon zu gehen?!" Es war 15 Uhr und ich ging im Rahmen meiner Gleitzeit, da ich mit meinem Sohn verabredet war. Das konnte der Manager jedoch nicht wissen und er fragte mich auch nicht danach. Ich sah den Mann an und dachte mir meinen Teil. Einer meiner

Gedanken war: „Aha, und *Sie* haben Zeit, sich hier hinzustellen und Mitarbeiter missbilligend anzusprechen, die nach Hause gehen ..."

Hochinteressant sind die Energien, die nach meiner Wahrnehmung in jenem Moment bei diesem Manager gewirkt haben. Da er seinen eigenen „Lebenszeitgenießer" offenbar komplett weggesperrt hatte, spazierte dieser „draußen" in Gestalt anderer Menschen vor seiner Nase herum. Sein Kritiker stürzte sich sofort auf diese Leute – ich war nur eine von vielen, die eine derartige Episode mit ihm erlebt hatte. Die Kollegen sprachen natürlich über dieses Gebaren und machten sich auch hinter vorgehaltener Hand lustig darüber. Dem Mann war offensichtlich unbewusst, dass er hier seine eigene Sehnsucht, freizuhaben, attackierte – eben im Außen, da er als Workaholic ja selbst nie in die Verlegenheit kam, freizuhaben.

Dem inneren Team auf der Spur – mit The Work©

Eine eindrucksvolle und hochwirksame Methode: The Work© von Byron Katie

Durch intensive Bewusstseinsarbeit und durch den Prozess des *Inner Voice Dialogue* lassen sich die primären Selbste, also unsere Hauptakteure, kennenlernen und in unser Leben integrieren. Inner Voice Dialogue ist eine Methode, bei der diese oft verborgenen oder unterdrückten Persönlichkeitsanteile in einen Dialog mit Ihnen und Ihrem inneren Regisseur kommen. Unterstützend beim Wahrnehmen dieser verborgenen Anteile kann auch die in meinen Augen bestens für Selbstcoaching-Prozesse geeignete Methode *The Work©* von Byron Katie sein. Sie ist sehr sinnvoll und fruchtbar einsetzbar, wenn Sie auf andere wütend sind, weil diese etwas machen, das Ihnen gegen den Strich geht oder Sie verletzt und kränkt.

The Work© funktioniert so: Sie stellen vier Fragen und bilden dann die möglichen Umkehrungen Ihrer Aussage.

Versetzen wir uns nun in die Person des Managers und tun so, als würde er sein Verhalten mit The Work© reflektieren. Er ist empört und ungehalten über Mitarbeiter, die in seinen Augen unverschämterweise und viel zu früh das Unternehmen verlassen. Seine (mentale) Aussage über diese Mitarbeiterin lautet sinngemäß: „Die Mitarbeiterin sollte länger an ihrem Arbeitsplatz bleiben und arbeiten."

Die erste Frage lautet: **„Ist es wahr?"**
Es gibt viele Orte oder Anlässe, zu denen eine Mitarbeiterin unterwegs gewesen sein könnte – sogar berufliche Auswärtstermine waren und sind ja möglich und denkbar. Ich frage nie nach, wohin die Mitarbeiter gehen.

Die zweite Frage lautet: **„Kann ich absolut sicher sein, dass es wahr ist?"**

Kann ich wirklich wissen, was das Beste für die Mitarbeiterin ist, wenn mir sogar unbekannt ist, wohin sie gerade geht? Würde ich mich tatsächlich besser fühlen, wenn sie bis 19 Uhr in ihrem Büro säße?

Die nächste Frage lautet: **„Wie reagiere ich, wenn ich diesen Gedanken denke?"** Nun, ich bin ziemlich rot im Gesicht, wenn ich mit Mitarbeitern spreche, die das Unternehmen so früh verlassen – ein physikalischer Umstand, der auf mein Erregungsniveau schließen lässt. Mein Herzschlag ist beschleunigt, weil ich ungehalten bin, und ich habe sogar, wenn ich ganz ehrlich bin, einen Impuls, sie festzuhalten und am Verlassen des Unternehmens zu hindern.

Die daran anschließende Frage: **„Wer wäre ich ohne diesen Gedanken: ‚Die Mitarbeiterin sollte länger arbeiten und an ihrem Arbeitsplatz bleiben!'?"** Ich hätte sie freundlich zum Abschied gegrüßt und/oder ihr einen schönen Tag gewünscht.

Nachdem die vier Fragen gestellt sind, dreht der Manager die Aussage so oft um, wie dies möglich ist. Er hört dabei in sich hinein, ob es sich wahr anfühlt.

Umkehrung 1: *Die Mitarbeiterin sollte nicht länger arbeiten und nicht an ihrem Arbeitsplatz bleiben.* Stimmt, denn sie ist, wie mir auch bekannt ist, alleinerziehende Mutter und hat einen wichtigen Termin, bei dem es um das Wohl ihres Kindes geht.

Umkehrung 2: *Ich sollte selbst an meinem Arbeitsplatz bleiben.* Stimmt, ich habe selbst Aufgaben zu erledigen, die viel wichtiger sind, als meine Mitarbeiter zu kontrollieren.

Umkehrung 3: *Ich (selbst) sollte nicht länger arbeiten und nicht an meinem Arbeitsplatz bleiben.* Stimmt ebenfalls, denn ich arbeite tagein und tagaus 14, 15 und mehr Stunden, mein Privatleben kommt dabei absolut zu kurz.

Von einem bewussten Umgang mit seinem inneren Team und den inneren Energien, die sein Leben bestimmen, ja in diesem Fall diktieren, ist dieser Mann aus dem Beispiel weit entfernt. Sein Verhalten zeigt dies deutlich. Mit hoher Wahrscheinlichkeit würde er sich weigern, sein Verhalten nach der Methode von Katie zu reflektieren.

Bei mir haben seine Worte keine direkte Resonanz ausgelöst, denn ich war im Augenblick der Begegnung am Ausgang im Reinen mit mir und meiner Entscheidung, das Unternehmen um 15 Uhr zu verlassen. Wäre ich selbst unsicher gewesen oder hätte mein innerer Antreiber/Kritiker mir Vorwürfe gemacht, wäre ich entweder umgekehrt oder hätte mir den Rest des Tages Gedanken gemacht, dass einer der Chefs mir gegenüber so reagiert hat ...

Haupt- und Paraderollen
Oder: Von Amazonen, Kriegern, Friedensgesandten und Abkanzlern

Es gibt in meiner Wahrnehmung ein interessantes Primärenergiemuster, das ich die „innere Amazone" nenne. Diese innere Amazone reitet in jede Schlacht, die sich ihr bietet. Vollkommen automatisch und somit unbewusst sattelt sie ihr Pferd, nimmt die Lanze und prescht los. Ob es sich um eine vermeintliche Ungerechtigkeit handelt oder ein Unrecht, das einem anderen Menschen oder einem selbst geschieht: *Attacke und auf in den Kampf!* Die mit diesem Energiemuster identifizierten Klientinnen sind meistens viele Jahre lang damit beschäftigt, wehrhaft und streitend durch die Welt zu gehen, sodass sie einen anderen Persönlichkeitsanteil in sich völlig übersehen und verdrängen: die innere Friedensbotschafterin. Ja, diese komplementäre Energie gab und gibt es auch. Sie löst Konflikte *beileibe* anders und sie geht manchen Streitigkeiten willentlich sogar ganz und gar aus dem Weg. Streit und Aufruhr manifestieren sich ja immer auch körperlich: Herzrasen, erhöhter Blutdruck, Magenschmerzen, innere Unruhe – solche und ähnliche Symptome gehören zu unseren archaischen Überlebensmustern in Stresssituationen. Trotzdem nehmen betroffene Frauen ihre innere Friedensbotschafterin meist weder wahr noch integrieren sie ihre Bedürfnisse nach Friedfertigkeit. In all seinen Konsequenzen ist solch ein Leben also immer: Kampf. Meine persönliche Beobachtung ist, dass sich dieses Phänomen gerade unter Frauen der 1960er-Jahrgänge häufig zeigt.

Wir alle haben energetische Autopiloten und Automatismen in uns.

Als Töchter und Söhne der Nachkriegsgeneration haben viele heute um die 40 Jahre alte Frauen und Männer destruktive Glaubenssätze und Dynamiken in ihrem Lebensgepäck. Häufig beobachte ich bei Gleichaltrigen das Phänomen, dass Mütter oder Väter ihre eigenen unerfüllten Lebensträume einfach auf ihre Kinder übertragen und sie dazu manipuliert haben, diese zu erfüllen.

Destruktive Glaubenssätze der Nachkriegsgenerationen

Beispiel: Raphaela, Teil I

Das Beispiel einer Klientin, die ich auf ihren Wunsch Raphaela nenne, greife ich exemplarisch heraus: Ihre Mutter, Jahrgang 1948, war selbst aufgrund ihrer eigenen Familiendynamik von einer höheren Schulbildung abgehalten worden. Als Kind sudetendeutscher Flüchtlinge erlebte Raphaelas Mutter zudem das Vertriebenentrauma ihrer Eltern hautnah und auch am eigenen Leib mit. Sie kamen mit Nichts, wurden in einem Nachkriegsghetto kaserniert und als „Hurenflüchtlinge" beschimpft. Mit der

Begründung „Du heiratest ja sowieso" verbot die Familie trotz aus-
drücklicher Empfehlung der Lehrer den Besuch einer weiterführenden
Schule. Raphaelas Mutter heiratete dann tatsächlich sehr jung und bekam mit 20 und 23 ihre beiden Kinder. Vor allem die Tochter sollte in der Folge ihr
erträumtes Leben realisieren.

Auswirkungen von Krieg
und Vertreibung

Dies führte zu Skripten, die massiv von denen der Tochter abwichen. „Lerne du einen
Beruf, bevor du ans Heiraten denkst", war nur eine der gebetsmühlenartig wiederhol-
ten Sätze, die Raphaela eingetrichtert wurden. Die Tochter sollte „niemals von einem
Mann abhängig sein" wie die Mutter. Die Ehe der Eltern war extrem schlecht und geprägt von Tobsuchtsanfällen des Vaters, die sich mit dem manipulierenden Verhalten
der Mutter abwechselten.

Die Tochter hatte das unsichtbare Skript der Mutter – nach dem sie unbewusst lebte –
um die Anerkennung der Mutter zu bekommen – lange Zeit ver-
drängt. Erst eine radikale Abnabelung ermöglichte es ihr, ihrem eigenen Skript zu folgen, überhaupt erst ein eigenes Skript zu entwickeln.
Der Weg zu dieser Erkenntnis war sehr lang und dornig. Erst eine Le-

Unbewusst nach dem
Skript der Mutter leben

benskrise brachte die entscheidenden Einsichten, dass etwas in ihrem Leben auf sehr
destruktive Weise verkehrt lief. Auch Raphaela befand sich in einem ständigen
Kampfmodus, ohne zu realisieren, wogegen sie sich so erbittert sträubte und wehrte.
Später erst erkannte sie die Zusammenhänge zwischen ihrer unglaublichen Wut und
dem Gefühl, ein fremdbestimmtes und ferngesteuertes Leben zu führen. Hinzu kam
die Erfahrung, dass sie sich Liebe und Zuneigung immer verdienen musste und dennoch ständig das Gefühl hatte, alles falsch zu machen. Was immer sie tat, es war zu wenig. Raphaela war durch die Familiendynamik krank geworden. Das Erkennen ihrer
immensen Wut und ihrer verdrängten inneren Friedensgesandten ermöglichte Raphaela, ihr Leben radikal zum Besseren zu wenden.

Was machen Menschen, die ihre inneren Kämpfer wahrnehmen und den friedlichen
Konfliktlöser vergeblich suchen? Ist die Lösung dieses Ungleichgewichtes im inneren
und damit äußeren Leben, die innere Friedensgesandte nun nach vorne zu schicken
und die Amazone zu verbannen? Was denken Sie? Beide haben Kräfte und Geschick-
lichkeiten, um in Situationen Wirkungen zu erzielen und machtvoll zu handeln. Innere Amazonen können Großes bewegen, sich erfolgreich einsetzen und tapfer manche
Schlacht schlagen, erfolgreich zudem. Manchmal ist der Preis jedoch sehr hoch.

Statt um ein „Entweder-diese-oder-Jene" geht es darum, beide Kräfte
in sich wahrzunehmen, zu sehen, zu spüren, zu hören und sie dann, je
nach Situation, angemessen einzusetzen. Hat die innere Amazone erst

Alle Energien kennen-
lernen und wahrnehmen

einmal einen bewussten Auftrag, kann sie enorme Kräfte bündeln. Natürlich bleibt in
manchen Situationen noch immer der Automatismus und sie prescht los, bevor ein

klarer Gedanken zu fassen ist. In solchen Fällen lässt sie sich wieder zurückrufen. Dann stellt sie ihre Lanze in die Waffenkammer, sattelt ihr Pferd ab und führt es in den Stall zurück. Es geht darum, beide inneren Kräfte bewusst wahrzunehmen und bewusst einzusetzen. Dabei helfen auch Fragen nach dem Ergebnis, das ich erzielen will. Worum geht es mir gerade? Bin ich in einem meiner „falschen Filme"? Sehe ich Angriffe und Attacken von anderen Menschen, wo es in Wahrheit um alte Gedankenmuster geht, die eine Situation bei mir wachruft? Dies herauszufinden ist die Fähigkeit meines inneren Regisseurs. Er setzt die Amazone ein oder schickt die Friedensgesandte los.

Raphaela übernimmt die Regie

Wie solch eine Dynamik entstehen kann und welche lebensrettende Funktion sie haben kann, zeigt das bereits kurz erwähnte Beispiel von Raphaela, einem Fall aus meiner Praxis. Die Klientin gab mir die Erlaubnis, ihre Geschichte anonymisiert zu erzählen.

Raphaela hatte sich für Coaching als flankierende Maßnahme neben ihrer Verhaltenstherapie entschieden. Auch sie hatte, ohne sich dessen bewusst zu sein, dasselbe primäre Energiemuster in ihrem Leben kultiviert: Sie kämpfte. Das zweite primäre Energiemuster war ihre innere Helferin, die dritte im Bunde ihre Abkanzlerin: eine Persönlichkeit, deren Destruktivität im Be- und Abwerten noch weit über den inneren Kritiker der meisten Menschen hinausgeht. Die Abkanzlerin ließ kein gutes Haar an Raphaela, sie kritisierte sie immer als ganze Person und nicht nur ihr Verhalten.

Im Coaching-Prozess ging es Raphaela darum, Werkzeuge und Möglichkeiten zu finden, um ihr Leben erfüllender zu gestalten und vor allem ihre Beziehung zu sich selbst maßgeblich zu verbessern. Raphaelas Therapeut befürwortete ihren Coaching-Wunsch, weil auch er diese Co-Unterstützung als wertvolle Chance für seine Patientin sah. Coaching alleine wäre hier in jedem Falle zu wenig gewesen. Wäre sie als reine Coaching-Klientin zu mir gekommen, hätte ich Raphaela auch in jedem Falle an einen Therapeuten empfohlen.

Raphaelas Erkenntnisse und Durchbrüche aus der Therapie flossen auch in unsere Coaching-Sitzungen ein. Besonders ihr inneres Team sahen wir uns gemeinsam an, um die gegenpolaren Energiemuster kennenzulernen und auf einer bewussten Ebene in ihre Filmcrew zu integrieren. Die innere Helferin, die zwischendurch auch die Rolle einer Samariterin oder Märtyrerin übernahm, hatte die Energie der „Verantwortungsdelegiererin" komplett ins Unbewusste verdrängt. Raphaela machte immer automatisch die Probleme anderer zu ihren eigenen. Auch wenn sie sich dabei manchmal sehr stark überfordert fühlte und insgeheim einen Groll gegen den in ihren Augen hilfsbedürftigen Menschen hegte, handelte sie automatisch. Das Muster und die

Energie lagen außerhalb ihres Bewusstseins. Da in Raphaelas Persönlichkeit – ausgelöst durch ein dominantes und rigide überforderndes Elternhaus – Antreiber und Perfektionist sich in alle ihre Primärenergien einklinkten, stand die Klientin bereits als Kind unter einem enormen Druck.

Die Geschichte hinter Raphaelas Helfer-Muster

In ihrer Kindheit war sie die meiste Zeit auf sich gestellt und hatte auf Geheiß ihrer Mutter tagsüber ihren kleinen Bruder in ihrer Obhut. So übernahm dieses Mädchen im Alter von sechs Jahren die Verantwortung für einen dreijährigen Jungen. Damals lebte die Familie in einer Hochhaussiedlung, einem sozialen Brennpunkt mit Jugendbanden, die bereits in den 1960er-Jahren heutigen Trabantenwohnsiedlungen in nichts nachstand. Die Überforderungen durch diese Rolle und auch die Ängste, die in diesem Umfeld damit verbunden waren – alle diese Gefühle verdrängte Raphaela, bis sie nichts mehr davon wahrnahm. Das Kümmern um den kleinen Bruder brachte ihr die Liebe und das Lob ihrer Mutter. Der Vater war über weite Strecken in ihrem Leben abwe(i)send. Um die Anerkennung und Liebe ihrer Mutter zu bekommen und zu behalten, musste sie also diese Leistung erbringen. Sie lernte damals als kleines Mädchen: „Kümmere dich um einen Schwächeren, nur dann hast du eine Daseinsberechtigung und wirst geliebt." Dass dies mit echter Liebe wenig zu tun hatte und später besonders in ihren Partnerschaften schwerwiegende Auswirkungen haben würde, ahnte sie natürlich noch nicht.

Inner Voice Dialogue mit Raphaela

Inner-Voice-Dialogue-Prozesse finden mit Stühlen statt: Raphaela sitzt auf einem Stuhl. Von hier aus beobachtet sie das Geschehen aus der Warte und mit der Achtsamkeit des bewussten Ichs. Ich nenne diesen Stuhl: Regiestuhl. Wenn sich im Prozess eine der Energien zeigt, die Raphaela steuern, nimmt sie auf einem anderen Stuhl Platz, wenn „diese Stimme" zum Dialog bereit ist. Diesen Stuhl platziert die Klientin intuitiv in passender Nähe links, rechts, vor oder hinter dem Regiestuhl, ganz so, wie es sich gut anfühlt. Die inneren Teammitglieder sprechen jeweils in der dritten Person über die Klientin.

Das vermeintliche Helferinnen-Selbst von Raphaela äußerte sich in einer Voice-Dialogue-Sitzung so: *„Wenn Raphaela einem anderen Menschen hilft, der schwach ist, dann ist sie zu etwas nütze. Helfen ist einfach ihre Aufgabe und das kann sie auch ganz besonders gut."*

Coach: *„Ja, ich habe auch das Gefühl, dass du etwas Gutes für Raphaela tust."*

Helferin: *„Ja, sie fühlt sich stark, wenn sie einem Schwachen hilft. Sie fühlt sich dann wertvoll."*

Coach: *„Das ist ein schönes Gefühl für dich, wenn Raphaela sich stark fühlt?"*

Helferin: *„Ja, ich brauche das. Wenn sie sich nicht nützlich macht, ist sie nichts wert. Dann will ich auch nichts mit ihr zu tun haben."*

Coach: *„Das hört sich in meinen Ohren sehr eindringlich an, fast bedrohlich. Kann ich mit der Person sprechen, die das gerade gesagt hat?"*

Raphaela wechselt den Stuhl, auf dem sie sitzt. Ihre Stimme verändert sich, sie wird lauter und herrisch.

Erpresserin: *„Raphaela muss das machen, es ist ihre Pflicht und ihre Aufgabe! Sonst wird ihr das schlecht bekommen! Dann verliert sie jede Unterstützung in ihrem Leben und geliebt wird sie sowieso nicht."*

Coach: *„Was geschieht, wenn sie Hilfe unterlässt, weil sie selbst sehr viele eigene Projekte hat, für die sie ihre ganze Kraft braucht?"*

Erpresserin: *„Wenn sie sich nicht nützlich macht, ist sie nichts wert. Dann hat sie keine Existenzberechtigung. Dann ist es egal, ob sie da ist oder weg ist. Wozu ist sie sonst nütze?!"*

Raphaela hat Tränen in den Augen und ihre Stimme bricht.

Im Verlaufe dieser sehr emotionalen und aufwühlenden Sitzung zeigte sich Raphaelas zutiefst verletztes inneres Kind, das sich ungewollt und ungeliebt fühlte und auch schon sehr früh eine Todessehnsucht und entsprechend selbstdestruktives Verhalten entwickelt hatte.

Fähigkeit zur Veränderung durch die Arbeit mit dem inneren Team

Das Ergebnis der intensiven Arbeit mit Raphaelas innerem Team zeigte sich in ihrer wachsenden Fähigkeit, ihr Verhalten nachhaltig zu verändern. Statt automatisch zu helfen, verschafft sich Raphaela heute Zeit, um zu überlegen, welchem Impuls ihr Wunsch zu helfen entspringt. Dann entscheidet sie jedes Mal neu, ob sie selbst überhaupt die zeitliche und kräftemäßige Kapazität frei hat. Da Raphaela erkannt hat, dass sie sich selbst stärker und überlegener fühlte, wenn sie andere durch ihr Helfen klein machte, konnte sie auch diese Bedürftigkeit loslassen. Wenn sie Zeit und Kraft hat, gibt sie heute Menschen, die sie um Hilfe bitten, Hilfe zur Selbsthilfe, Anregungen, Tipps, Informationen. Ihre Verantwortungsdelegiererin übergibt den anderen den Rest und Löwenanteil der Arbeit.

Fantasiezeitreise

Raphaela hat sich in einer Fantasiezeitreise in ihre Vergangenheit auch ihrer überfordernden Mutter (entgegen)gestellt: Raphaela als erwachsene Frau, ihr (inneres) sechsjähriges Mädchen beschützend an der Hand: „Ich war die Schwester dieses kleinen, dreijährigen Jungen. Ich war mit sechs Jahren selbst viel zu klein, um solch eine große Verantwortung zu übernehmen. Ich fühlte mich überfordert und hatte große Angst da draußen zwischen den Hochhäusern und diesen Kindern, die uns drohten und unser Spielzeug kaputt machten. Diese Aufgabe war viel zu schwer, Mama, und viel zu belastend für mich. Ich war mit deiner Rolle vollkommen überfordert, du bist und warst unsere Mutter! Und ich habe dich dafür gehasst, dass ich mir deine Liebe immer hart verdienen musste. Es war falsch und ich habe es verdient, um meiner selbst willen geliebt zu werden, einfach nur, weil ich existiere! Durch dieses Muster in meinem Leben habe ich als erwachsene Frau immer jüngere, schwächere Partner gewählt, um ihnen zu ‚helfen‘, um mir ihre Liebe zu verdienen. Das ging gründlich schief, denn in diesen Beziehungen ging es um Macht, und die Männer haben mich verachtet, wie ich sie auch, weil ich ihnen durch mein Verhalten ihre Schwäche vor Augen führte.“

Raphaela konnte ihrer Mutter diese Dinge nur auf diesem Weg sagen, da sie zum Zeitpunkt der Therapie und des Coachings bereits gestorben war. Heute erkennt Raphaela Überforderungen und weiß sich rechtzeitig dagegen abzugrenzen. Ein heilsamer Schritt zu mehr Selbstannahme.

Mit den destruktiven Kräften der inneren Abkanzlerin fertig zu werden, war ungleich schwieriger für Raphaela. Sie schaffte dies, indem sie ihre innere Energie der eigenen Anerkennung befreite. Nach und nach lernte sie, Erfolge auch zu spüren, sie vom Kopf in den Bauch wandern zu lassen. Wenn ihre innere Abkanzlerin sie wieder einmal in Grund und Boden verdammte, weil sie einfach zu nichts nütze sei, gab es genügend andere (innere) Teammitglieder, die Raphaela unterstützten. Sie lernte diese Stimme schnell in ihrem inneren Chor zu identifizieren und die Worte einfach fließen zu lassen, ohne sofort zu reagieren oder sich zu betäuben, wie sie es früher gemacht hatte. Die Essenz der Tiraden konnte sie sich dann ansehen. So gefiltert blieb übrig, was andere von ihrem inneren Kritiker als Rückmeldung bekommen. Diese Informationen oder Warnungen konnte Raphaela durchdenken und akzeptieren oder verwerfen.

Die Energie der eigenen Anerkennung befreien

Durch den Umgang mit dieser hochgradig destruktiven, fast lebensbedrohlich empfundenen Energie der Abkanzlerin, in deren Augen einfach nichts und niemand Gnade fand, lernte Raphaela sie nur noch als eine von vielen ihrer Stimmen wahrzunehmen. Früher hatte diese Stimme ihr gesamtes Leben maßgeblich beeinflusst und gestört, weil sie eine herausragende Stellung hatte.

Die Achtsamkeit des Augenblickes zu üben gab Raphaela einen Anstoß zum veränderten Umgang mit ihren Emotionen und Gedanken. Je

Veränderter Umgang mit Emotionen und Gedanken

mehr sie ihren inneren Regisseur stärkte und festigte, umso besser und gelassener konnte sie beobachten und spüren, was in ihrem Inneren vorging. Sie konnte negative Gefühle und Impulse heranrollen lassen wie eine Welle, sie nehmen und weiterfließen lassen. Früher wäre sie in den Strudel dieser größeren Wellen geraten, heute „surft" sie diese.

Ein weiterer Schlüssel waren tägliche Bewegung und gesunde Ernährung. Raphaela legte den Fokus stark darauf, sich selbst gut und liebevoll zu behandeln und zu versorgen. Im Laufe ihrer Therapie und des Coaching-Prozesses erkannte sie, dass sie die alten Überlebenstechniken aus ihrer Kindheit Stück für Stück loslassen konnte.

Für mich war das Arbeiten mit dieser Klientin eine wertvolle und wichtige Erfahrung. Sie hat mir gezeigt, dass wir uns auch in fortgeschrittenem Alter verändern können. Der Satz „Was Hänschen nicht lernt, lernt Hans nimmermehr!" gehört für mich in den Bereich der Mythen. Auch die Hirnforschung belegt, dass wir jederzeit neue Schaltbahnen und somit andere Denkmuster in unserem Gehirn verankern können. Es geht einfach darum, anzufangen und diese Fähigkeit zu üben.

Casting: Und wie besetzen Sie Ihre tragenden Rollen?

Beim sogenannten Casting sprechen Menschen für bestimmte Rollen vor. Im übertragenen Sinne casten auch wir alle die Rollenbesetzungen für unser Leben: Partner, Arbeitskollegen und Freunde. Inwieweit dies für Familienmitglieder gilt, wird unterschiedlich diskutiert – es gibt durchaus Kulturen, die glauben, dass wir uns auf einer höheren und spirituellen Ebene auch unsere Eltern und Geschwister aussuchen und so lange wiedergeboren werden, bis wir unser Karma erfüllt haben. Ob zufällig oder gottgewollt: Letztlich gestalten wir auch unsere Beziehungen zu Familienmitgliedern auf unsere erlernte Weise, konstruktiv oder destruktiv.

Partner

Kaum ein Thema füllt so viele Bücherregale wie Titel rund um das Thema Partnerschaft. Da geht es ums Singledasein: Wie finde ich einen Partner, wie date ich richtig, wie halte ich einen Partner, wie streite ich konstruktiv, wie kommuniziere ich Erfolg versprechend, wie gehe ich mit Trennung um? – Und, und, und …

Es gibt Bücher, die den Zusammenhang zwischen unserer Beziehung zu unserem gegengeschlechtlichen Elternteil und den späteren Partnern aufdecken, und solche, die das Rollenmodell unserer Eltern zum Thema haben.

Wenn Sie sich Ihre jetzige Partnerschaft oder die Menschen ansehen, mit denen Sie in der Vergangenheit zusammen waren – was fällt Ihnen ein? Wie geht es Ihnen, wenn Sie an Ihren Partner denken? Sind Sie glücklich und leben in einer harmonischen Beziehung zusammen? Was hat Sie einmal an Ihrem Mann oder Freund, Ihrer Frau oder Freundin angezogen und fasziniert? Wirkt es noch immer anziehend auf Sie? Oder hätten Sie am liebsten, dass er oder sie genau diese Eigenschaft oder Art ablegt, von der Sie sich einst angezogen fühlten? Wollen Sie Ihren Partner gerne verändern? Denken oder sagen Sie: „Wenn du nur xyz unterlassen würdest, dann wäre ich glücklich mit dir!" ?

Viele Menschen sind heute mit ihren – bei Singles auch mit ihren fehlenden – Beziehungen unzufrieden. Sie bleiben und harren aus, weil sie dann schon lieber mit ihr oder ihm zusammen sind, als alleine zu leben. Manchmal binden auch destruktive Muster zwei Menschen eng aneinander. Was ist da los?

Eine freiberufliche Klientin, die ursprünglich wegen ihrer beruflich festgefahrenen Situation und einer allgemeinen Schaffenskrise ins Coaching gekommen war, wollte, wie sich herausstellte, Unterstützung für ihren Wunsch nach einer neuen Partnerschaft. Die Übung „Die größte Tragödie meines Lebens ..." hatte es ans Licht gebracht. Sie erlebte es als ihre persönliche Lebenstragödie, noch nie eine funktionierende Partnerschaft geführt zu haben.

Manchmal steckt ein Partnerwunsch hinter beruflichen Themen.

Die Klientin hatte mehr als acht Jahre nach ihrer Scheidung alleine gelebt. Bei unserer gemeinsamen Suche nach den Blockaden im Beruf berührten wir das Thema „Versorgt sein in einer Partnerschaft". Hier reagierte sie hochemotional.

Ich sagte ihr in einer Sitzung, sie möge die Augen schließen und sich vorstellen, dass ich sie genau mit dem Mann bekannt machen kann, den sie sich wünscht. Sie könne sich dabei alles, tatsächlich alles erträumen. Interessant war die Ausdrucksweise, als sie seine Wesenszüge beschrieb: „Er soll intelligent sein, aber nicht intellektuell. Auf keinen Fall soll er ein einfaches Gemüt sein. Also, das könnte ich noch weniger ertragen als einen Intellektuellen!"

Ertragen. Das eine weniger ertragen können als das andere, wenn sich ein Mensch einen Traumpartner fantasieren darf. Diese Art sich auszudrücken fanden wir beide sehr erstaunlich, auch die Klientin selbst, als sie ihrer gewahr wurde.

Auch das Alter des fantasierten Märchenprinzen spielte in diesem Prozess eine Rolle und machte uns nachdenklich.

„Wie alt ist Ihr Traummann?", fragte ich.

„Mitte 40. Mitte/Ende 40.“

„Ja, Mitte, Ende 40? Oder doch 35?“

„35 ist doch total unrealistisch!“, sagte sie fast empört. Die Klientin selbst war 41 und hatte ihren Kinderwunsch noch nicht ganz verabschiedet.

„Was ist unrealistisch daran, dass ein 35-jähriger Mann sich in eine 41-jährige Frau verliebt? Das sind sechs Jahre! Was sind heute sechs Jahre Altersunterschied zwischen einem Mann und einer Frau?“

Sie lachte fast etwas verschämt und sagte, dass sie mehr auf jüngere Männer stehe als auf ältere.

Wie viele Singles wissen vielleicht nicht einmal genau, wen sie sich wünschen, weil sie vor ihren Träumen zurückschrecken oder Glaubenssätze haben, die ihnen sagen, sie seien zu alt, zu dies und zu das …?

Übungen oder Tools wie die *Wunschfee* sind deshalb so wertvoll und aufschlussreich in Coaching-Prozessen. Sie sagen uns im besten Falle, was wir uns wünschen, erzählen aber auch etwas über unsere inneren Selbstbegrenzungen. Diese klar zu erkennen, ist ein wichtiger Schritt auf dem Weg zu erfüllenderen Beziehungen.

Die Basis erfüllender Beziehungen

Was für unsere Kommunikationskenntnisse über „Ich“- und „Du“-Botschaften und ihre tatsächliche Anwendung in unserem täglichen Leben gesagt wurde, gilt auch in unseren Beziehungen. Wir wissen Dinge und lassen sie aus unterschiedlichen Gründen außen vor. Auch hier kann das Modell des inneren Teams in Kombination mit *The Work*© wertvolle Erkennungsdienste leisten.

**Liebesfähigkeit:
Wie sehr lieben wir uns
eigentlich selbst?**

Immer wieder begegnet uns die Aussage: „Nur wer sich selbst liebt, ist fähig, andere Menschen wahrhaft zu lieben.“ Wir nicken und sagen „Ja, genau, das stimmt!“ und gehen dann oft unserer Alltagswege und machen die Dinge, die alles andere als liebevoll sind, und zwar im Umgang mit uns selbst. Wir sind getrieben von Pflichten und Forderungen, die wir an uns selbst stellen. Wir versäumen es, uns regelmäßig zu bewegen, obwohl wir genau wissen, wie gut uns Sport und frische Luft tun. Essen ist oft eine Nebensache, während der wir mit unseren Gedanken ganz woanders weilen. In extremeren Fällen betäuben wir unser Gefühl der Leere und des Unausgefülltseins mit Arbeit, Alkohol, Fernsehen, Internet, Essen oder sogar mit Sorgen. Alles kann zur Sucht werden, wenn wir es einsetzen, um uns abzulenken: von uns selbst und unseren Bedürfnissen, unserem Schmerz.

Wir wünschen uns, von anderen angenommen zu werden, und nehmen alle anderen lieber an als uns selbst. Wir wünschen uns, dass andere viel Zeit mit uns verbringen, und verbringen somit möglichst wenig Zeit mit uns selbst. Wir wünschen uns, dass andere unsere Bedürfnisse erspüren, erkennen und befriedigen, und erspüren, erkennen und befriedigen diese Bedürfnisse aber auch lieber bei den anderen als bei uns selbst.

Diese Phänomene erleben wir in Partnerschaften ebenso wie in Freundschaften oder am Arbeitsplatz. Ich finde die bereits beschriebene Methode von Byron Katie auch sehr hilfreich, den eigenen Mechanismen auf die Spur zu kommen, wenn es um unsere (ungestillten) Bedürfnisse, Wünsche und Sehnsüchte geht. Diese Methode wende ich regelmäßig an, wenn ich den Gedanken, also „das Gefühl" habe, dass mir jemand schuldig bleibt, was ich unbedingt von dem anderen Menschen zu brauchen glaube.

Mein Leitmotto in der zwischenmenschlichen Kommunikation ist heute – auch im Rahmen einer allgemeinen Achtsamkeit: Wenn ich mich aufrege, schaue ich genau hin. Ich frage mich: Was ist hier los? Und damit meine ich: *bei mir selbst.*

„Abgeblitzt"

Kennen Sie die Situation, bei einem anderen Menschen „abzublitzen"? Nehmen wir einmal an, Sie wollen eine Freundin in einer anderen Stadt besuchen. Sie sind begeistert von der Idee, einfach mal wieder aus Ihrem Alltagstrott herauszukommen und ein nettes Wochenende mit guten Gesprächen und netten Unternehmungen zu verbringen. Ihre Freundin hingegen reagiert sehr zögerlich und sagt dann, dass sie keine Zeit habe. Das, was sie als Grund anführt, empfinden Sie als „fadenscheinige Ausrede". Sie haben das Gefühl, abgeblitzt zu sein, und sind enttäuscht und sogar wütend. Spüren Sie dieses Gefühl sehr deutlich und lassen es einfach erst einmal zu, ohne zu agieren. Wenn es sich etwas gesetzt hat, fragen Sie sich, was hinter Ihrer Wut und Enttäuschung stecken mag. Denn selbst wenn Ihre Freundin gesagt hätte: „Ich will an diesem Wochenende nur alleine an meinem Fenster sitzen und stundenlang hinausschauen", ist das als ihr Bedürfnis vollkommen in Ordnung und bedarf keiner Rechtfertigung vor anderen. Wer sind wir, dass wir einem anderen Menschen seinen Wunsch absprechen, weil wir ein anderes Bedürfnis haben?

Die innerlich formulierten Vorwürfe an diese Freundin könnten sich ungefähr so anhören: „Sie will keine Zeit mit mir verbringen! Sie empfindet es als lästig und anstrengend, wenn ich das Wochenende bei ihr bin", auch wenn die Freundin etwas ganz anderes gesagt und auch gemeint hätte. Die Vorwürfe, die uns in solchen Fällen über die Lippen kommen, sind unsere eigenen Gedanken zu diesem Thema. Wenn Sie die Aussagen umdrehen, kann es laut und deutlich an dem Punkt klingeln: „Ich will keine Zeit mit mir verbringen. Ich empfinde es als lästig und anstrengend, wenn ich das Wochenende bei mir bin." Wenn es Ihnen in erster Linie darum geht, einem Zusammensein mit sich selbst zu entgehen, weil Sie die Aussicht auf ein weiteres einsames Wochenende öde und wenig ansprechend finden ..., dann ist der Weg für Enttäuschungen geebnet.

Mit diesem Bewusstsein können Sie derartigen Groll auf andere Menschen eher loslassen. In einem zweiten Schritt könnten Sie an einem solchen Wochenende besonders gut für sich und das eigene Wohlergehen sorgen. Auf diese Weise profitieren Sie doppelt: Der Streit bleibt aus und Sie üben sich in der Kunst der Selbstannahme.

Diese Methode ist sehr einfach und wirkungsvoll: Je mehr Projektionen wir in unserem Alltag haben, umso befreiender ist die Rückkehr zu den Wurzeln dieser negativen Gedanken, die wir „Gefühle" nennen. Projektionen sind Übertragungen unserer eigenen Gedanken und Wahrnehmungen auf andere. Erst unsere eigenen negativen und/oder bewertenden Gedanken über eine Situation lösen Gefühle in uns aus. Wir sagen dann anklagend: „DU hast mich verletzt!" Je mehr wir die Gründe für Unwohlsein, Traurigkeit oder Wut im Außen wähnen und bekämpfen, umso mehr verstärken sich diese Wahrnehmungen.

Die gute Nachricht: Wir können uns jederzeit ändern, der erste Schritt ist das Gewahrsein dieser Prozesse und uralten Programme. Und statt der schlechten jetzt eine weitere gute Nachricht: Wir verändern durch unseren neuen Umgang mit uns selbst auch automatisch die Beziehungen zu anderen Menschen. In dem Moment, in dem wir ihnen anders als gewohnt gegenübertreten, verändern sie ebenfalls ihr Verhalten. Damit ist eine neue Basis für die Interaktion geschaffen. Im Coaching nennen wir dies systemisch: A beeinflusst B, B beeinflusst wiederum A, A wieder B ...

Unsere alten Programme, die auf negativen Gedanken beruhen, lassen sich umschreiben.

Übung: Du sollst ...

Aufwand: nachdenken, Vorwürfe aufschreiben und nach der Methode The Work© spiegeln

*Nehmen Sie sich ein Blatt Papier oder ziehen Sie sich in einen ungestörten Raum zurück und sprechen Sie die Sätze laut aus. Adressieren Sie in dieser Übung Forderungen oder Vorwürfe an Ihren Partner oder an einen Menschen aus Ihrem nahen Umfeld. **Vorwürfe sind im Prinzip aggressiv vorgetragene Wünsche.** Sagen Sie, was der andere Ihnen für Ihr Wohlgefühl vorenthält. Machen Sie ihn für Ihr ganzes Seelenheil und Lebensglück verantwortlich. Und dann sehen Sie sich Ihre Aussagen in Ruhe an.*

Ihr Partner oder Gegenüber ist nur für sich selbst und sein eigenes Seelenheil verantwortlich. Deshalb sind Sie am Zug. Durch das Umkehren Ihrer Aussagen sehen Sie klarer, was Sie sich selbst geben können, oder auch, was Sie sich in Wahrheit vorenthalten.

Beispiel: Raphaela, Teil II

Die Casting-Falle

Raphaela erzählte mir für dieses Buch die Geschichte ihres inneren Partner-Castings – ein von ihrer Vergangenheit geprägtes Selektionsmuster, das immer nach dem gleichen Prinzip ablief und ihr viele Jahre ihres Lebens vollkommen unbewusst blieb. Erst nach ihrer Ehe und dem damit verbundenen Zusammenbruch ist sie sich bewusst, welche Männer sie früher magisch anzogen – und umgekehrt. Seither ist der Bann gebrochen. Heute weiß sie, warum ihr solche Typenbesetzungen eher schaden als gut tun. Ihre innere „Casting-Agentin" sieht und hört daher inzwischen sehr genau hin, welche Männer für die Hauptrolle in Raphaelas Leben vorsprechen.

Raphaelas Geschichte

Ich hatte in meinem Leben lange Zeit ein sehr destruktives Beziehungsmuster. Verinnerlicht hatte ich den Glaubenssatz: „Wenn ich nur einen Schwächeren unterstütze, werde ich geliebt und fühle mich selbst weniger minderwertig." In mir war die tiefe Überzeugung, für Männer unattraktiv und uninteressant zu sein. Viel später bekam ich die Rückmeldung, dass meine Kraft und Stärke, die ich ausstrahlte, Angst machten und Männer daher Berührungsängste im Zusammentreffen mit mir hatten. Nur, ich war eben felsenfest davon überzeugt, dass ich froh sein müsse, wenn sich überhaupt ein Mann für mich interessierte. Die einzige Frage für mich lautete in all den Jahren: „Will er mich?" Die Frage, ob ich den Mann wollte oder ob er mir gut tat, habe ich mir tatsächlich nie gestellt.

Als ich meinen späteren Ehemann kennenlernte, meldeten sich sofort meine „Bauchsensoren". Ich hatte eine innere Stimme, die mir sagte: „Lass die Finger von ihm, eine Beziehung mit diesem Mann schadet dir." Die Ausgangssituation war, dass er kaum Deutsch sprach. Er war Südländer moslemischer Abstammung und in meinen Augen ausgesprochen gut aussehend. Und er wollte *mich*, so jedenfalls dachte ich damals. Das schmeichelte mir und ich wollte ihn schon deshalb auch. Nach sehr kurzer Zeit stellte sich heraus, dass er gar keine Aufenthaltserlaubnis hatte und sich illegal in Deutschland aufhielt. Im ersten Moment war das ein richtiger Schock für mich. Und dann begann er mich zu bearbeiten, dass ich ihn heiraten solle, da er sonst abgeschoben und in seiner Heimat umgebracht würde. Ich weiß noch, wie wütend ich damals wurde, denn das war ja der beste Beweis, dass es gar nicht um mich ging. Ich habe den Mann dann tatsächlich nach einigen Monaten geheiratet, das war wie eine Flucht nach vorne in die Katastrophe. Die Ehe erlebte ich als Hölle. Er verfolgte mich mit seiner aus der Luft gegriffenen Eifersucht, gleichzeitig arbeitete er selbst nur sehr unregelmäßig und ich trug die ganze Verantwortung für die Versorgung der vierköpfigen Lebensgemeinschaft. Diese Ehe war ja echt und wir lebten zusammen. Meine beiden Kinder aus einer anderen Beziehung waren auch alleine mein Job, er entzog sich unserem Familienleben, wo und wann immer er konnte. Diese Lebenssituation wurde zunehmend belastend für mich.

In unserer Beziehung bekämpften wir uns nur noch gegenseitig. Ich warf ihm vor, dass er ein Loser sei und ohne mich gar nichts in seinem Leben auf die Reihe bekäme. Im Gegenzug rächte er sich natürlich an mir, indem er mich seinerseits verbal attackierte. Vor körperlicher Gewalt schreckte er letztlich dann doch immer zurück, obwohl es ein paarmal sehr knapp war. Es war insgesamt eine sehr destruktive Zeit und sie gehört zu den schlimmsten Zeiten, die ich je mit einem Mann erlebt habe.

In meiner Therapie sind ja gerade meine Männerbeziehungen immer wieder Thema. Heute weiß ich einiges über mich und meine Liebesdramen, die mit Liebe tatsächlich herzlich wenig zu tun hatten. Zum Beispiel, dass ich Angst vor Männern habe und hatte: Angst vor ihrer Macht, mich wegzustoßen und durch mich hindurchzusehen. Immer wieder habe ich mir einen sehr alten, sehr unglücklichen Film inszeniert: die Tochter, die der Vater von sich fernhält. Dass meine Mutter sehr eifersüchtig war, meinen Vater regelrecht abschirmte und so ihren Teil zu der schmerzvollen Distanz zwischen mir und meinem Vater beitrug, äußerte sich in meiner Wahrnehmung auch später in meinen Beziehungen. Dort waren Dreieckskonstellationen immer wieder Thema. Entweder gab es einen anderen Mann oder eine andere Frau im Hintergrund – mit oder ohne Seitensprung.

Neues Casting-Muster: „Frauenhasser"

Das wirklich Dramatische für mich war, dass ein neues Casting-Muster auftauchte, als ich das „Kleine-Bruder-Syndrom" erfolgreich überwunden hatte. Die hilfsbedürftigen Männer hatten ihren Reiz für mich verloren, weil ich den Zusammenhang erkannt hatte. Doch nun standen plötzlich die „Frauenhasser" vor der Tür. Das ist jetzt natürlich sehr vereinfacht ausgedrückt. In einer tieferen Schicht wartete ein noch viel größeres Selbstzerstörungspotenzial auf mich: die „bösen Buben". Ich sehe es heute als unbewussten Schutz meiner Seele, dass ich mich so lange mit den „kleinen Brüdern" herumgeschlagen habe, bevor die „bösen Buben" kamen. Beiden Mustern ist die tiefe Verunsicherung über den eigenen Wert und die eigene Liebens-*Würdig*keit gemeinsam. An der eigenen Wahrnehmung zu arbeiten, an der eigenen Fähigkeit, mich selbst anzunehmen, war mein entscheidender Schritt aus der Casting-Falle.

Menschen finden meine Erfahrungen extrem. Im kleineren Maßstab erlebe ich um mich herum ähnliche Muster, auch wenn sie oft weniger dramatisch ausgeprägt sind. Solange viele unserer Kräfte in unserem Inneren verborgen sind, suchen wir uns die

Ventile in unserem äußeren Umfeld. Wenn wir in uns selbst eine Balance herstellen, geht es im Außen viel weniger turbulent, dramatisch oder kämpferisch zu. Das ist meine persönliche Erfahrung. Aus einem Lebensfilm mit den Hauptthemen Action und Krieg habe ich durch Änderungen in der Handlung, durch eine andere Auswahl der Darsteller, neue Skripte und eine andere Regie große Veränderungen bewirkt. Auch die Tatsache, dass ich mir in einer echten Lebenskrise therapeutische Hilfe gesucht habe, läuft für mich unter Selbstverantwortung. Ich bin sehr stolz darauf, so gut für mich gesorgt zu haben, als ich am Ende meiner eigenen Weisheiten angekommen war. Ich finde, dass ich mutig war.

Im Moment lebe ich ohne Partner. Bei den Castings habe ich sehr genau hingesehen und hingehört. Früher wäre ich auf den einen oder anderen Mann angesprungen. Heute höre ich auf meine Intuition und nehme meine „Bauchsensoren" sehr ernst. Ob ich die Zeit zurückdrehen würde, wenn ich es könnte? Ich würde meinen Ex-Mann wieder heiraten, weil er den Schlüssel für mich hatte. Ich habe mit ihm und durch ihn eine sehr wichtige Lektion in meinem Leben gelernt.

Nein, ich würde es nicht anders machen. Durch die Begegnung und Erfahrungen mit den falschen Männern zur richtigen Zeit habe ich begriffen, dass meine größte Herausforderung, wenn es um Männer geht, in mir selbst und in meinem Castingprozess liegt.

Beispiel: Frank

Inszenierungen

Genauso wie wir unsere innersten Gedanken und Ängste auf unser Gegenüber projizieren, reflektiert dieser Mensch uns Vieles zurück. Natürlich sind auch eigene Projektionen unseres Partners dabei und seine eigenen Ängste, woraus oft eine neue Dynamik entsteht. Gerade die Themen, die in unseren Intimpartnerschaften eine Rolle spielen und für Konfliktstoff sorgen, können zu wertvollen, aufschlussreichen Spiegelungen für uns werden.

Im Rahmen einer anonymisierten Fallbesprechung mit einem Kollegen hörte ich von einem interessanten „Casting"-Muster aus seiner Praxis. Der Coach-Kollege überlegte, ob er seinem Klienten eine Therapie empfehlen sollte. Er besprach diesen Fall mit mir, weil ihn meine Meinung dazu interessierte. Kollegialer Austausch heißt diese Form der Fallreflexion unter Coachs. Manchmal verbergen sich hinter beruflichen Anliegen auf den zweiten Blick andere, tiefer liegende Themen. In manchen dieser Fälle ist Coaching als prozessbegleitende Methode auch tatsächlich ungeeignet.

Der Fall

Frank, Anfang 50 und selbstständig, hatte das Coaching-Anliegen, mehr Balance zwischen seiner Arbeit und seinem Privatleben herzustellen. Sein Eindruck war, dass es neben Arbeiten und Schlafen nur wenig in seinem Leben gab. Frank hatte keine Kinder und war sein ganzes Leben lang ledig gewesen. Als selbstständiger Handwerker arbeitete er sehr viel, lebte ansonsten, wie er selbst sagte, „bewusst zurückgezogen" und nahm sich wenig Zeit zum Ausgehen oder für Interessen oder Hobbys. Auf die Frage, wie er seine bisherigen Partnerinnen kennengelernt habe, antwortete er, dass er gewöhnlich das Internet zur Partnersuche nutze.

Dieser Mann fühlte sich stark von studierten und gebildeten Frauen angezogen, die Kinder hatten und erheblich besser situiert waren als er selbst. Er hatte einen Hauptschulabschluss und im Anschluss daran eine gewerbliche Ausbildung gemacht. In jeder seiner Beziehungen kam Frank nach einer kurzen Zeit von wenigen Monaten an den Punkt, an dem er begann, die Frauen massiv und ständig zu kritisieren und abzuwerten. Er fühlte sich jedes Mal – wie er es nannte – „untergebuttert" und verlangte dann von seiner Partnerin, dass sie sich „für ihn und die Partnerschaft" verändern müsse.

Die Frauen reagierten auf seine Kritikattacken verletzt und häufig auch defensiv mit emotionalem und/oder räumlichem Rückzug. Dies wertete Frank als neuerlichen Beweis für die Lieblosigkeit seiner Partnerin, der er Oberflächlichkeit, Ignoranz und Desinteresse ihm gegenüber vorwarf. Die Distanz zwischen beiden Partnern vergrößerte sich in der Folge noch mehr.

Die Tatsache, dass Frank seiner Partnerin finanziell und von seinen Interessen her wenig „zu bieten" hatte, nutzte diese dann ihrerseits als Argumente für Gegenattacken. Es entstand ein Kreislauf aus ständigen Vorwürfen, Kämpfen, Kontaktabbrüchen, Rückzügen und erneuter Annäherung. Obwohl er seine Beziehungen als unbefriedigend und unglücklich erlebte, harrte er durchschnittlich zwei Jahre darin aus, ehe er den Kontakt dann endgültig abbrach. Auch die Frauen machten dieses „Theater" so lange mit.

Arbeit mit dem „Rad des Lebens"

In der nächsten gemeinsamen Coaching-Sitzung vertiefte mein Kollege mit dem Klienten die Work-Life-Analyse, bei der sie mit dem Coaching-Werkzeug „Rad des Lebens" (s. Kapitel 6, Seite 92) arbeiteten. Dieses Coaching-Instrument von Johann Stöger erfasst sieben Lebensfelder: Beruf & Karriere, Beziehungen, Gesundheit und Fitness, Familie, persönliche Weiterentwicklung, Spiritualität und Wohlergehen. Von 1 bis 10 geht die Messskala für die Erfüllung in jedem einzelnen Bereich. Im Feld „Familie" hatte Frank den Grad der Erfüllung mit 0 angegeben und im Feld „Beziehungen" mit 1. Hierin sah der Coach seine Ahnung bestätigt: Frank hatte gewollt keinerlei Kontakt zu seiner Familie und lebte ebenfalls ganz bewusst in einer anderen Stadt. Der Coach bat den Klienten, ihm etwas über seine Kindheit und Jugend zu erzählen. In dieser Sitzung traf er die Entscheidung, Frank die Arbeit mit einem professionellen Psychotherapeuten zu empfehlen und den gemeinsamen Prozess nach einem Abschlussgespräch beim nächsten Mal zu beenden.

In der Reflexion dieses Falles kamen wir zu der Überzeugung, dass es bei Frank um ein nachhaltig gestörtes Bindungs- und Interaktionsmuster mit Frauen geht. Er selbst sah die Verantwortung für das Scheitern der Beziehungen ausschließlich bei seinen ehemaligen Partnerinnen. Dies brachte er auch im Coaching sehr vehement zum Ausdruck, beispielsweise durch das Verwenden stark abwertender Attribute wie „blöde Kuh" oder schlimmerer Ausdrücke.

Durch Franks Erzählungen gewann der Coach den Eindruck, dass das destruktive Muster, nach dem dieser Mann lebte und seine Beziehungen gestaltete, etwas mit seiner Kindheit und Jugend zu tun hatte. In meiner Wahrnehmung aus den Schilderungen meines Kollegen bewies Frank sich in der Serie seiner immer wieder gleich inszenierten „Liebesfilme", dass ihn jede Frau über kurz oder lang enttäuschen und im Stich lassen würde, ihn nicht liebte und sich in Wahrheit auch gar nicht für ihn interessierte (wie seine Mutter). Bevor seine Partnerin ihn verlassen konnte, kam er ihr selbst jedes Mal zuvor.

Immer wieder gleich inszenierte „Liebesfilme"

Dass Frank durch die Auswahl von Partnerinnen, denen er sich potenziell unterlegen fühlte, und durch sein kritisierendes und abwertendes Verhalten diese tragische Dynamik zu einem großen Teil selbst erst in Gang setzte, war für ihn absolut indiskutabel. Bereits sehr vorsichtige und behutsame Fragen in Richtung seines eigenen Anteils quittierte er mit auffallend heftiger Wut. Dieser Umgang mit der Situation und auch mit dem Coach zerstörte in den Augen meines Kollegen die Grundlage für das gemeinsame Coaching-Arbeitsbündnis. Er gab Frank offen diese Rückmeldung und sagte ihm, dass in seinen Augen eine Therapie überlegenswert sei. Bei dieser Gelegenheit sagte Frank, dass er selbst schon mehrmals darüber nachgedacht habe, sich in psychologische Behandlung zu begeben. Er sprach auch von schweren gesundheitlichen Beeinträchtigungen, die bis dahin unthematisiert gewesen waren.

In meiner persönlichen Wahrnehmung stellte sich diese „Liebestragödie in Serie" so dar: Frank wollte von einer Frau all das haben, was er im Umgang mit sich selbst vermisste. Weil er nie gelernt hatte, für sich und seine Bedürfnisse zu sorgen und Verantwortung zu übernehmen, erwartete er all dies von seiner Partnerin: liebevolle, gute Behandlung, uneingeschränkte Aufmerksamkeit, Annahme und Unterstützung. Gleichzeitig reagierte er auf „mütterliche Typen" nach eigener Aussage allergisch. Das heißt, seine typische Besetzung für die weibliche Haupt-

„Liebestragödie" in Serie

rolle war eher tough, kämpferisch und ebenfalls mit großen emotionalen Bedürfnissen und Ängsten vor Nähe ausgestattet.

Stellte seine Freundin die gleichen Forderungen nach Aufmerksamkeit und Unterstützung an ihn, fühlte er sich nach eigener Aussage sehr schnell erdrückt und überfahren. Franks eigener Mangel wirkte sich somit natürlich direkt auf seine Partnerin aus, die ebenfalls zu kurz kam und mit diesem Gefühl sehr vertraut war. Ein destruktiver Teufelskreis aus Mangel, Entbehrung und Kritiksucht begann. Die Rolle der Partnerin wurde immer wieder nach dem alten Muster besetzt, die Namen änderten sich, die Tragödie hingegen blieb.

Ich denke, dass die Wiederholung über kurz oder lang zu einem wachsenden Leidensdruck führt. Vor diesem Hintergrund sehe ich auch den relativ kurzen Coaching-Prozess als wertvoll für Frank an. Selbst wenn die Fragen seines Coachs und die damit verbundenen Denkanstöße auf vehemente Abwehr stießen – es ist möglich, dass sie wie kleine Samen in den Boden des Bewusstseins des Klienten gefallen sind. Vielleicht treiben sie dort zu einem späteren Zeitpunkt aus. Im Falle dieses Klienten bin ich überzeugt, dass er mithilfe psychotherapeutischer Betreuung aus seinem destruktiven Liebesmuster aussteigen und es neu gestalten kann.

Affären: Nebenrollen für ein lang fertiges Skript

Menschen leben häufig ihre Muster, ohne dessen gewahr zu sein. Eine Haupt- oder Nebenrolle an der Seite eines solchen „muster-gültigen" Mannes oder einer „muster-gültigen" Frau ist meistens schon mit einem fertigen Skript verbunden. Die Besetzung weiß auf einer unbewussten Ebene, was von der Rolle erwartet wird. Das Genre ist meist ebenfalls von vornherein klar, auch dann, wenn es unbewusst abläuft: *Drama*. Eine Rolle wird besetzt. Es geht mehr um die Rolle und ihre damit verbundene Dynamik als um den Menschen, der diese Rolle spielt. Die Menschen sind letztlich austauschbar.

Besonders in (außerehelichen) Affären lassen sich solche Rollenspiel-Dynamiken sehr gut aufschlüsseln. Lösen wir also aus dem tatsächlichen Dreieck, in dem immer auch der Ehepartner eine Rolle spielt, nur die Komponente Geliebte/r und Fremdgänger/in heraus. Die Grunddynamik dabei ist: Ein Mensch betrügt den einen Menschen und verheimlicht den anderen. So kommt es zu Heimlichkeit und Unaufrichtigkeit nach beiden Seiten. Folgen wir der Anschauung, dass wir im Außen immer das finden, was sich im Inneren abspielt, haben wir einen dreischenkligen Betrug. Der (Ehe-)Partner ist betrogen, der oder die Geliebte ist verheimlicht und mit Unaufrichtigkeit belegt, der Fremdgehende ebenfalls.

Beispiel: Fremdgehender Familienvater
....

Ein fast 50-jähriger Familienvater geht regelmäßig fremd. Er sucht bewusst, explizit und offensiv Affären. Das kommuniziert er genau so an die Frauen, die sein Interesse wecken. Diese Affären verbindet er mit (sexueller) Bestätigung und Lebendigkeit in einem ansonsten pflichtbewussten und ritualisierten Alltag. Seiner Frau entgehen diese außerehelichen Aktivitäten. Dabei kann es in sich schon eine Kränkung für den Mann sein, dass es tatsächlich (oder auch nur scheinbar) unbemerkt bleibt, wenn er neben ihr aufblüht.

Die Frauen, die der Familienvater für die Rolle seiner Geliebten castet, sind in seinem Muster normalerweise alleinstehend mit Kind und wünschen sich „im Grunde" eine Partnerschaft. Dass sie eigene Motive haben, einen Mann zu wählen, der bereits vergeben ist und es nach eigener Aussage auch bleibt, ist natürlich ebenso ein Thema. Interessant ist, dass das Naheliegende außen vor bleibt. Naheliegend für einen Mann, der (sexuelle) Bestätigung sucht und ansonsten angeblich eine intakte Ehe führt, wäre ja eine Geliebte, der es ebenfalls um Spaß, Sex und Abenteuer, den Kitzel des Heimlichen, Verbotenen geht – vielleicht sogar eine Frau, die selbst verheiratet ist. In einschlägigen Internetbörsen ließen sich auf Seitensprungportalen mühelos solche Kontakte finden. Ist es der finanzielle Aufwand oder die damit verbundene Aufgabe der Anonymität, die abhält?

Oder gibt es einen anderen, tiefer liegenden Grund, der die anderen reizvoller macht: die Frauen, die sich mit hoher Wahrscheinlichkeit in ihn verlieben? Das hängt in meinen Augen mit dem Skript zusammen, das für die Rolle der Geliebten längst existiert. In diesem Skript geht es genau um das Drama, das seinen Lauf nimmt, wenn sich die alleinstehende Frau auf den Familienvater einlässt.

Skript für die Rolle der Geliebten

Sie verliebt sich, er warnt sie genau davor. Nach kurzer Zeit rebelliert die Geliebte gegen die Rolle, in der sie sich sieht. Sie will „mehr". Das Drama kann beginnen. Das Ende vom Lied bei diesem Familienvater ist, dass die Frauen früher oder später gehen. Oft provoziert er genau dies durch sein Verhalten. Er bringt sie dazu, Schluss zu machen, indem er sie in Machtkämpfe verwickelt, die für psychisch gesunde Frauen unzumutbar sind. Er will, dass die Geliebte um ihn kämpft, ohne ihr auch nur den Hauch einer Chance zum „Gewinnen" zu lassen. Teil der Dynamik ist sogar, sie umso heftiger wegzustoßen, je stärker seine eigenen Gefühle für die Frau sind. Am Ende hat er wieder die Bestätigung, dass er eben doch nur bei seiner Familie richtig ist.

Ein besonderer Kitzel am Affären-Set dieses Mannes scheint zu sein, dass durch seine extrem offenherzige Bekanntgabe sämtlicher Daten ein potenzieller Zugriff auf ihn und seine Familie jederzeit möglich ist. Wer sich schon einmal näher mit der psychischen Dynamik Geliebter auseinandergesetzt hat, weiß, dass es in Affären aus ihrer

Sicht häufig um Themen wie „Zurückweisung", „Kränkung" oder „die zweite Geige spielen" geht. Oft haben solche Frauen und auch Männer in der Rolle eine stark ausgeprägte Bindungs- und/oder Verlustangst und reinszenieren alte Kindheitskränkungen, die sie meist mit ihren Vätern/Müttern erlebt haben. Die Gefahr, dass eine Geliebte aus Eifersucht oder gekränkten Gefühlen irgendwann einmal „alles auffliegen" lässt, ist demnach jederzeit gegeben, und genau dieses Risiko scheint für den Familienvater zu dem „Spiel" zu gehören.

Risiko gehört zum Spiel.

Was auch immer die genauen Motive und Hintergründe für solche Begegnungen sind, einige Fakten liegen auch ohne Interpretationen auf der Hand. Eine Beziehung aufrechtzuerhalten, in der Sexualität ausgeklammert ist oder nur noch minimal eine Rolle spielt, zeigt das Unvermögen beider Partner, offen und aufrichtig miteinander umzugehen. Sexualität ist ein Gradmesser für die Kommunikation und Qualität einer Beziehung, auch wenn diese schon seit vielen Jahren besteht. Wo Betrug und Fremdgehen vorherrschen, gibt es keine echte Intimität.

Die Geliebte kann sich – unbewusst – an das vom Mann vorgegebene Skript halten. Die Chance, mit diesem Mann jemals ein eigenes Drehbuch und echte Nähe zu entwickeln, ist sehr gering. Sobald sie vom Buch abweicht und ihre eigene wahre Persönlichkeit einzubringen versucht, wird der Mann reagieren. Da auf seinem Regiestuhl sein „Ego" sitzt, haben die Reaktionen mit hoher Wahrscheinlichkeit die Frau und ihr Verhalten im Fokus. Ein Bombardement aus „Du"-Botschaften ist in der Regel die Konsequenz. Je unbewusster die Geliebte sich ihrer eigenen Dynamik ist, umso eher ist sie verletzt und gekränkt. Es fällt ihr schwer, zu erkennen, dass sie sich durch ihr „Ja" zu dem gebundenen Mann selbst für diese Rolle besetzt hat.

Mögliche Lösungsschritte bei Dreiecksdynamiken

Das „Ja" zur eigenen Verantwortung und der Abschied vom Opferdasein sind mögliche Lösungsschritte für die in der Dreiecksdynamik verstrickten Menschen. Der Familienvater kann sich folgende Fragen stellen: Was hält mich ab, meiner Frau nahe zu sein? Was werfe ich ihr vor? Wie finde und sehe ich mich selbst? Finde ich mich anziehend und attraktiv? Wenn es so wäre, wäre die Bestätigung durch andere Frauen überflüssig. Wie sehe ich meine Rolle als Mann um die 50? Was bin ich für meine Frau? Welche Primärrolle spiele ich für sie? Die des Versorgers? Was macht das mit mir? Was hält sie ab, mich als sexuelle Persönlichkeit wahrzunehmen? Wie sehe ich selbst sie in ihrer Sexualität und Körperlichkeit? Hat sie an Attraktivität für mich verloren? Wenn ja, was genau? Wie wäre es umgekehrt? Wie fühlt es sich für mich an, wenn sie mich genauso betrügen und hintergehen würde, wie ich das mache?

Auch die Geliebte kann sich wichtige Fragen stellen: Was lässt mich die Rolle der „zweiten Geige" wählen? Welches (bekannte) Gefühl erschaffe ich mir, wenn ich mich selbst an die zweite Stelle setze? Wie sehr fürchte ich den Alltag mit seinen kleinen und großen Pflichten, Ritualen und Querelen? Was hält mich ab, einen Partner zu wählen, für den ich die „Nummer eins" bin? Bin ich überzeugt, *das* zu verdienen? Welche Ängste verbinde ich damit? Wie wichtig ist es für mich, das Gefühl zu haben, weniger wichtig zu sein? Wie sehr brauche ich die (sexuelle) Bestätigung durch den Geliebten? Wie wichtig ist in diesem Zusammenhang der mit Heimlichkeit und Aufregung verbundene Ausnahmezustand einer solchen Affäre? Wie sehe ich mich selbst als Frau? Finde ich mich anziehend und attraktiv?

Die Alternative zu diesen Instant-Skripten besteht für alle Beteiligten darin, eigene, neue oder überarbeitete Drehbücher zu schreiben. Dies setzt unabdingbar den Wunsch voraus, selbstverantwortlich sein Leben zu gestalten und sich selbst treu zu sein. Ganz ohne moralischen Zeigefinger: Betrug ist vor allem immer auch der Betrug an sich selbst. Ein Mann, der ständig fremdgeht und dabei behauptet, seine Ehe sei in Ordnung, belügt sich selbst und verweigert sich, hinzusehen, was an seiner Situation unstimmig ist. Auch eine Geliebte, die sagt, sie wünsche sich eine feste Partnerschaft mit einem Mann, verdrängt ihre selbst gestaltete Realität und damit die Wahrheit aus ihrem eigenen Leben. Solange wir unsere wahren Gefühle, Ängste und Enttäuschungen dergestalt maskieren, sehen wir immer den falschen Film.

Neue Drehbücher schreiben

Wie gesagt, ich verbinde hiermit eher die Anregung, zu sich selbst aufrichtig zu sein – dies liegt für mich außerhalb moralischer Bedenken. Auch eine betrogene Ehefrau hat Anteile an der Situation, in der sie sich mit ihrem Mann befindet. „Täter" und „Opfer" sind für mich Kategorien, die viel zu kurz greifen. Auch betrogen zu werden ist ein Spiegel der eigenen Anteile und des eigenen Verhaltens, die vielleicht in einem anderen Themenfeld als dem der Sexualität liegen. Auch die schweigende oder völlig unwissende Ehefrau hat in ihrer Beziehung einen blinden Fleck, vielleicht auch eine erfolgreich verdrängte Lüge.

Brief einer Geliebten: Valentinas Brief

Dieser nie abgeschickte Brief diente der Selbstreflexion und Verarbeitung. Mich hat der Brief sehr berührt, weil er die Geschichte einer Frau erzählt, die Verantwortung für ihr Handeln übernimmt und sich ihrem Thema stellt. Ob die Analyse der Situation und des ehemaligen Geliebten zutrifft: Für sie ist sie stimmig. Valentinas Veränderung war damals bereits in vollem Gange.

Lieber G.,
ich habe lange überlegt, ob ich nun einfach stumm in der Versenkung bleibe oder ob ich dir zum Abschied noch ein paar meiner Gedanken mitteile. Lieb und konstruktiv statt voller Bitterkeit oder Vorwürfe ...

Ich bin schon ambivalent, was das angeht, denn ich denke, meine Worte könnten bei dir auch in ein schwarzes Loch fallen und dort tief unten in so einer Art Mördergrube verschwinden. Vielleicht noch trocken kommentiert mit einem Spruch wie „hysterische Ziege", „Psycho-Tusse" oder etwas in der Art ...

Ich hatte in den Tagen seit unserer letzten Begegnung viel Zeit (auch über mich selbst) nachzudenken. Einige dieser Gedanken teile ich nun einfach mit dir und höre dabei intuitiv auf meine innere Stimme.

Die Tatsache, dass ich mich emotional und körperlich auf dich eingelassen habe – wenn auch wohlweislich nicht so tief – hat mir gezeigt, dass ich in meiner persönlichen Entwicklung längst noch nicht da bin, wo ich gerne sein wollte! Gut, ich habe versucht, dir zu widerstehen, nachdem wir uns das allererste Mal gesehen hatten an diesem Dienstag. Erfolglos, wie du ja weißt, was sicher (wieder) für dein Ego schmeichelhaft war und gut gepunktet hat. Ich denke, dass es auch genau darum geht: um dein Ego, Selbstwertgefühl und Sex als deine einzige Sprache in der emotionalen Sprachlosigkeit!? – um es mal provokant auszudrücken. Und hätte ich dich noch länger „zappeln" lassen, hätte es den Reiz erhöht; das Ergebnis wäre letztlich dasselbe gewesen.

Als ich mir Gedanken über mich und mein Verhalten machte, habe ich bei der Gelegenheit natürlich auch über dich nachgedacht. Ich habe mich selbst sehr kritisch gefragt, was es ist, das mich da wieder im Schattenreich anspringen und einhaken lässt, wo ich doch genau diese Rolle im Schatten nicht (mehr) will ... Mich hat auch interessiert, was Männer wie dich treibt – abgesehen vom Trieb. Habe am vergangenen Wochenende zwei sehr spannende und hilfreiche Bücher gelesen zum Thema: „Der Casanova in meinem Bett – Warum Frauen untreue Männer lieben" und „Die Rolle der Geliebten in der Dreiecksbeziehung".

Ich ahnte irgendwie schon, dass dieser ganze Sexhype bei dir etwas mit deinem Selbstwertgefühl zu tun hat, aber ich hatte keine Vorstellung, wie die Zusammenhänge sind. Ich spürte längst, dass ich natürlich total austauschbar bin (obwohl ich doch unbedingt gemeint sein wollte, gerade von dir – wie naiv von mir) und dass du dich so unverbindlich verhältst, weil es auch genau um Unverbindlichkeit geht und darum, Nähe zu spielen beim Sex und ein bisschen auch noch nach dem Sex. Danach dann wieder: totale Distanz. Ahnst du, G., dass es bei all dem um Angst geht? Vordergründig geht es natürlich um Sex, Erotik und Spaß, aber das ist eben nur der Vordergrund. Durch die Lektüre der Bücher hat sich mir auch der Raum dahinter in seiner Mehrdimensionalität erschlossen.

Ich spürte natürlich auch schon vorher, dass in deiner Beziehung zu deiner Frau etwas krankt, wenn du (ihr) so lebst (lebt), wie du (ihr) lebst (lebt), aber auch hier konnte ich es vor der Lektüre der Bücher nicht wirklich benennen. Was mir aber am wichtigsten war: Ich hatte eine Antwort auf meine drängendste Frage, die Frage nach meinem eigenen Anteil, in „solche Geschichten" zu geraten.

Geweint habe ich beim Lesen der Bücher, auch um deine Frau (die ich nicht kenne), um dich und natürlich um mich selbst. Das Ganze ist ja ein Thema, das in Wahrheit in ganz tiefen Schichten steckt und traurig ist, weil es dabei immer um Mangel geht, bei allen Beteiligten. Lächeln muss ich aber auch. Ich freue mich nämlich, dass ich den Mut hatte, mich damit auseinanderzusetzen, hinzusehen, statt wieder passiv und hilflos zu leiden, zu warten, zu hoffen und in Gedanken um dich zu kreisen.

Natürlich fühle ich mich durch deine totale Unverbindlichkeit im Umgang mit mir verletzt, auch mein Ego, klar. Und traurig war und bin ich auch. Natürlich ging es mir um mehr als nur Sex! Das wusstest du ja, gerade das hatte dich ja gereizt ... Komisch, ich frage mich auch immer noch, warum dich das eigentlich so an mir gereizt hat, dass ich etwas anderes wollte als du und das auch offen gesagt habe? Genießt du es, wenn Frauen sich nach dir verzehren, mehr wollen, als du ihnen von Anfang an in Aussicht stellst? Du kannst dann ja immer sagen: „Was willst du? Ich habe dir doch immer offen und ehrlich gesagt, was ich dir geben kann und was nicht." Ist das ein Teil deines Spiels, Teil deines Kicks?

Merkst du, dass du dabei Menschen benutzt, ja auch verletzt? Natürlich nur solche, die sich benutzen lassen und verletzbar machen. Das ist für mich sehr klar, dass ich kein armes Opfer bin, genauso wenig wie andere Frauen, die sich auf solche „Deals" einlassen, denn auch wir benutzen euch ja für unser Ego und unsere Inszenierungen – ohne jeden Zweifel. Natürlich treibt auch uns etwas – abgesehen vom Trieb. Und das ist oftmals ebenso von Sucht, Mangel und innerer Not geprägt wie bei euch Männern.

Glaubst du dir deine eigenen Erklärungen (sind es nicht sogar Rechtfertigungen vor dir selbst?) vom sexuell freien und selbstbestimmten Leben, das du für dich einforderst und es dir einfach nimmst, weil du es so toll findest? Oder spürst du auch, ganz leise vielleicht wie ich bei mir, die (Selbst-)Lügen und den (Selbst-)Betrug darunter? Ja, lieber G., ich frage mich, ob es Momente gibt, in denen du dein Verhalten reflektierst. Oder ist deine vermeintliche Flucht vor der Spießigkeit und Langeweile das einzige bewusste Motiv?

Ich finde es sehr interessant, dass gerade du etwas von Spießigkeit schreibst und diese dabei so verurteilst. Bist du nicht auch nach gängigen Maßstäben sehr spießig? Ein Mann (wie Abertausende andere), der zeitweise aus seinem geregelten Leben (Häuschen, Frau, Kinder) ausbricht und bei anderen Frauen Abenteurer und Eroberer spielt? Lieber G., ich sage es noch mal, ich will dir keinesfalls zu nahe treten oder dich angreifen. Ich frage mich dies alles einfach, und vielleicht sind wir uns auch aus diesem Grunde begegnet ..., um einmal ohne Wut oder andere negative Emotionen Fragen aufzuwerfen und zu stellen.

Durch die Begegnung mit dir bin ich vorübergehend aufgeblüht, so sichtlich, dass mich Freunde und Kollegen auf meine „Wahnsinnsausstrahlung" angesprochen haben. Ja, ich bereue es nicht, dass ich dir begegnet bin, weil ich wieder etwas gelernt habe, über mich selbst, über Männer und darüber, was ich das nächste Mal anders machen möchte: konsequent einer „Versuchung" wie dir widerstehen.

Lieber G., ich wünsche dir von ganzem Herzen, dass du in deinem Leben den Mut hast, die Leere und deine tief sitzenden Ängste (vor Nähe, Frauen, deinem wahren Ich) zu spüren und dich damit auseinanderzusetzen ... Immer vor sich selbst und seinen (wenn auch tief verborgenen) wahren Gefühlen zu fliehen, macht auf Dauer krank. Und eine bestimmte Familiendynamik prägt immer auch die Kinder. Besonders Mädchen wie deines sind da extrem anfällig, weil sie viel, viel mehr spüren und aufsaugen, als die Eltern ahnen. Ich weiß, wovon ich rede, G., denn ich komme auch aus einer solchen Familie ...

Diesen Brief, ich habe ihn dir geschrieben, weil ich etwas für mich sehr, sehr Liebenswertes in dir gespürt habe.

Alles Liebe
Valentina

Auf die Geschichte, die zu diesem Brief geführt hat, auf Valentinas Geschichte, wird im Kapitel 8 noch näher eingegangen.

Hauptrolle Arbeitsplatz

In meiner Wahrnehmung haben ein Arbeitsplatz und das Umfeld in einem Unternehmen viel Ähnlichkeit mit lebenden Personen und ihren menschlichen Charaktereigenschaften. PR-Leute sprechen mit gutem Grund von der „Corporate Identity" (CI), der Unternehmensidentität. In einer Behörde herrscht ein anderes Klima als in einem Start-up-Unternehmen, und dort sind auch ganz unterschiedliche Stärken gefragt oder Schwächen toleriert. Eine Großorganisation funktioniert nach anderen Regeln und Mechanismen als ein kleines Familienunternehmen. Ein Arbeitsplatz ist mit einem Partner vergleichbar: Passt es? Diese Frage entscheidet ganz wesentlich darüber, ob wir uns an unserem Arbeitsplatz wohlfühlen.

Auch ein Bewerbungsgespräch ist einem Casting vergleichbar. Sie besetzen die längste Zeit Ihres Tages mit einer tragenden Rolle: Ihrer Arbeit. Leider empfinden viele Menschen heute die Suche nach einem Arbeitsplatz als ein reines Muss ohne eigene Wahlmöglichkeit, bei dem sie selbst passiv ausgewählt werden. In Gesprächen mit Klienten erfahre ich immer wieder von dem subjektiven Gefühl, „ein Bittsteller" zu sein. Dies schwächt das Selbstwertgefühl ebenso wie das Gefühl, selbst keine Wahl zu haben.

Der Preis, den Menschen in ungeliebten Arbeitsverhältnissen zahlen, ist häufig ein sehr hoher.

Wenn wir unsere berufliche Leiter an eine Wand stellen, die genauso wenig zu uns passt wie wir zu ihr, sind Demotivation, innere Starre, Leere oder sogar Krankheit die Folge. Selbst wenn wir auf dieser Leiter nach oben steigen, haben wir uns trotzdem die falsche Wand ausgesucht. Eine solche Erfahrung habe ich selbst auch gemacht. Voller Engagement und Begeisterung war ich auf meine Leiter geklettert, ohne zu realisieren, dass ich mich in einem Film befand, der im Grunde für mich persönlich falsch und unpassend war. Ich schreibe „im Grunde", denn heute, in der Rückschau, sehe ich, dass es galt, Dinge zu lernen und zu begreifen. Es waren wichtige Jahre, auch wenn ich am Ende in einer Krise steckte und das Gefühl hatte, mich weder vor- noch zurückbewegen zu können. Auch diese Erfahrung war wichtig für mich, denn sie mobilisierte auf ihrem Höhepunkt meine inneren Selbstrettungskräfte. Ich brauchte tatsächlich Leidensdruck, um mich nach neun Jahren aus einem Arbeitsverhältnis zu befreien, das meinem inneren Wesen, meinen Stärken und auch Schwächen sehr zuwiderlief. Auch ich befand mich hier in einem Kampfmodus. Ich wollte durchhalten. „Es" musste doch einfach klappen, wenn ich mich nur genug anstrengte.

Die längste Zeit des Tages verbringen wir an unserem Arbeitsplatz. Machen Sie sich Gedanken darüber, wie es Ihnen an Ihrem Arbeitsplatz geht? Wie ist das Umfeld, in dem Sie arbeiten, beschaffen? Bleiben Sie in Ihrem Job, obwohl Sie sich schon seit Längerem innerlich tot oder starr fühlen? Sind Sie zufrieden mit Ihrer Arbeit, der Tätigkeit und Ihrem Umfeld?

Übung: Das Wesen Ihrer Firma

Aufwand: nachdenken, Charakterisierung erstellen

Stellen Sie sich vor, dass Ihr Unternehmen eine Person mit bestimmten markanten Charakterzügen ist. Welche Eigenschaften des Unternehmens haben Sie bewogen, genau dort zu arbeiten oder zu bleiben? Welchen Preis zahlen Sie? Wo machen Sie Abstriche? Auch wenn Sie selbstständig oder freiberuflich tätig sind, haben Sie eine solche Corporate Identity: das Wesen Ihrer Firma, das, was Sie und Ihre Dienstleistungen/Produkte ausmacht. Was genau ist das aus Ihrer Sicht?

Sicherheit kann solch ein anziehendes Identitätsmerkmal sein. Ich selbst habe trotz eines irritierenden Starts und anderer einschneidender Erlebnisse viele Jahre in einem Unternehmen gearbeitet, weil ich zu dieser Zeit als alleinerziehende Mutter ein ausgeprägtes Bedürfnis nach Sicherheit und verlässlichen, planbaren Arbeitszeiten hatte. Nach der Freiberuflichkeit beim Fernse-

Anziehende Identitätsmerkmale

hen mit den Hochs und Tiefs meiner Einkünfte wollte ich Sicherheit für mein Kind und mich. Für diese Sicherheit habe ich alle anderen Werte, die mir in meinem Arbeitsumfeld sonst wichtig, lieb und teuer sind, hinten angestellt. Im Laufe der Jahre wuchs meine Unzufriedenheit und ich fühlte mich sehr unglücklich an meinem Arbeitsplatz, der wenig Spielraum für Kreativität und Eigeninitiative bot. Je unglücklicher ich wurde, umso mehr klammerte ich mich an die vermeintliche Sicherheit, die mir das Unternehmen bot. Hätte mir damals jemand gesagt, dass ich loslassen müsse, um wieder wirklich sicher zu sein – vor allem mir meiner selbst sicher – hätte ich diesen Menschen ausgelacht. Und doch waren genau das Loslassen und die Neuorientierung Schritte in die Sicherheit, berufliche Erfüllung zu finden. Ich wollte ein Umfeld, das zu mir passte und in das ich selbst ebenfalls passte. Ich hatte lange gewartet, der Leidensdruck war sehr hoch, als ich endlich handelte. Damals geschah dies in dem Bewusstsein, nur ein Leben zu haben und eine Krankheit zu riskieren, wenn ich so wie bisher weitermachte. Es ist schwer, dafür die richtigen Worte zu finden. Jahrelang gegen die eigenen Überzeugungen und auch Begabungen zu leben, ist auf Dauer schädlich für die Seele und den Körper eines Menschen. Ich hatte plötzlich das gewisse Gefühl: Wenn ich bleibe, bezahle ich einen zu hohen Preis.

Unglücklich im beruflichen Umfeld Ich kenne eine ganze Reihe Menschen, die in beruflichen Umfeldern arbeiten, in denen sie unglücklich und unzufrieden sind. Heute, in Zeiten der Massenarbeitslosigkeit, stelle sich die Frage nach einer erfüllenden Tätigkeit doch gar nicht mehr, antworten sie manchmal fast empört auf die Frage, ob sie gerne da arbeiten, wo sie sind. Ist das tatsächlich so? Ich bin der Meinung, dass sich genau diese Frage heute sogar mehr denn je stellt. Wo engagieren wir uns, wo bringen wir uns am besten und kompetentesten ein? Natürlich in einem Beruf, der uns am Herzen liegt und dem unsere Leidenschaft gilt.

Ich erinnere mich noch gut an meinen Start in dem erwähnten Unternehmen. Der Chef der Abteilung, die aus ihm, einer Assistentin und später mir bestand, schrieb mir eine Weihnachtskarte, bevor ich im Januar 1996 dort begann. Diese Karte irritierte und verwirrte mich sehr und ich hatte das Gefühl, als wolle er mich abschrecken. Natürlich wunderte ich mich, denn man hatte mich doch gerade erst eingestellt.

Der Vorgesetzte hatte geschrieben: *„Liebe Frau Heinzelmann, liebe Kollegin, bevor das neue Jahr mit **sehr** viel Arbeit für Sie beginnt, wünsche ich Ihnen und Ihrer Familie Frohe Weihnachten und viel Verständnis. Bis Januar?! Mit freundlichen Grüßen …"* Damals fragte ich mich beim Lesen sofort, ob er wolle, dass ich es mir anders überlege. Als ich im Januar 1996 dann meine neue Stelle antrat, bestätigte sich dieser Eindruck. Beim Vorstellen im neuen Unternehmen sagte mein damaliger Chef: „Das ist Frau Heinzelmann, sie wird in zwei Jahren meinen Job übernehmen!" Am Abend dieses Arbeitstages saß ich aufgelöst zu Hause und fragte mich, wo um Himmels willen ich da gelandet war. *Das,* so erfuhr ich im Laufe der folgenden Jahre, sollte noch meine harmloseste Erfahrung in dieser Firma sein. Danach lernte ich Vorgesetzte kennen, die diesen Mann freundlich und harmlos erscheinen ließen.

Im Nachhinein kann ich für mich das Resümee ziehen, dass ich in den neun Jahren viel über mich selbst und meine eigenen Anteile gelernt habe. Vielleicht klingt es merkwürdig: Das Unternehmen war für mich auch ein Stück Spiegelbild meiner eigenen Erziehung. Immer wieder erlebte ich mich in Situationen, in denen ich mich einer Ohnmachtgefühle provozierenden Autorität gegenüber sah. Ich kämpfte und ich hatte ein inneres Feuer, das ich all die Jahre am Leben hielt. Trotzdem war es ein Engagement auf verlorenem Posten. Wenn ich zurückblicke, sehe ich heute vor allem auch das Wertvolle und Positive, das ich in diesen Jahren erfahren habe. Ich erlebte meine eigene Kraft und Stärke, immer wieder mit Situationen konstruktiv umzugehen. Auch die Tatsache, dass ich selbst ging und mein berufliches Schicksal in die Hand nahm, gab mir letztlich ein gutes Gefühl. Hier übernahm ich selbst die Regie in meinem Leben.

> Spiegelbild meiner eigenen Erziehung

Übung: Die Fee

Aufwand: nachdenken, sich über seine beruflichen Wünsche Klarheit verschaffen

Eine Fee kommt zu Ihnen mit der frohen Botschaft, dass Sie einen Wunsch frei haben. Dieser Wunsch betrifft Ihren Beruf oder Ihr berufliches Umfeld. Was wünschen Sie sich? In welche Richtung gehen Ihre Wunschenergien? Was brauchen Sie, um in Ihrer Arbeit ausgefüllt zu sein? Wie bekommen Sie es?

Gerade berufliche Themen rund um die Karriere und die Dynamik am Arbeitsplatz oder in der Selbstständigkeit lassen sich am wirkungsvollsten in einem Coaching klären. Der neutrale Blick von außen eröffnet häufig ganz neue Perspektiven auf den Ort, an dem die meisten von uns den Großteil ihrer Zeit verbringen.

Aufgaben

Selbst-Coaching

1. Stabliste
Suchen Sie nach Ihren inneren Primärenergien und erstellen Sie eine Stabliste mit den wichtigsten Persönlichkeiten, die Sie in Ihrem Inneren wahrnehmen. Diese können sein: der Antreiber, der Kritiker, die Diva/der Lebemann, die innere Amazone/der innere Krieger. Es gibt noch ganz andere Kräfte. Machen Sie sich diese bewusst, treten Sie mit ihnen in einen Dialog.

2. Stabliste II
Erstellen Sie eine Wunsch-Stabliste der Energien in Ihrem Inneren, die Sie gerne stärken wollen, weil sie in Ihrem Leben zu kurz kommen. Wünscht sich *die Künstlerin* in Ihnen mehr Aufmerksamkeit? Haben Sie Sehnsucht nach dem, der alle fünfe gerade sein lässt?

3. Hauptrollen – die Vorwürfe
Spiegeln Sie nach der Methode von Byron Katie einen Vorwurf durch, den Sie an die Menschen in Ihrem Leben richten, die eine Hauptrolle spielen. Das können Ihre Kinder sein, Ihr Partner, die beste Freundin oder der beste Freund. Die Anleitung dazu finden Sie auf Seite 166. Diese Aufgabe öffnet Ihre Wahrnehmung dafür, was Sie selbst und Ihr eigenes Verhalten mit diesem Vorwurf zu tun haben. Vorwürfe sind auch unter dem Aspekt der „aggressiv vorgetragenen Wünsche" interessant, um Ihre eigenen Bedürfnisse besser kennenzulernen.

4. Traumbesetzung
Beschreiben Sie die Traumbesetzung für die Rolle des Partners an Ihrer Seite. Gehen Sie sehr ins Detail. Beginnen Sie bei Äußerlichkeiten wie der Größe, Haarfarbe, Statur. Denken Sie dann über die inneren Werte nach, die Ihnen wichtig sind, und beschreiben Sie diese genauer.

5. Casting
Beim Casting werden für feststehende Rollen die passenden Darsteller gesucht. Definieren Sie, was beispielsweise die Rolle Ihrer „besten Freundin" (oder eine andere wichtige Rolle) ausmacht. Vergleichen Sie, ob der jetzige Rolleninhaber diese Kriterien erfüllt. Welche bleiben unerfüllt? Was löst das bei Ihnen aus? Wo oder wie findet der Ausgleich statt?

6. Wohlfühl-Stab
Mit welchen Menschen umgeben Sie sich gerne? Welche Gesellschaft tut Ihnen gut? Was genau ist es?

7. Besetzungsliste
Sind alle Rollen da und besetzt? Damit sind die Rollen in Ihrem Inneren ebenso gemeint wie im Außen. Welche Rollen sind noch unbesetzt? Im Außen: der Sportpartner? In Ihrem Inneren: der kreative Hobby-Koch?

Coaching mit Klienten

1. Stabliste
Erarbeiten Sie mit Ihrem Klienten eine Stabliste seiner inneren Persönlichkeitsenergien. Dazu empfehle ich auch die Lektüre des Buches „Embracing Our Selves" von Hal und Sidra Stone. Die Stabliste setzt ein hohes Reflexionsvermögen des Klienten voraus und einen sehr guten Rapport. Sehr sinnvoll ist es, diese Aufgabe als Berater erst einmal selbst zu machen. (Siehe auch Aufgabe 1 unter Selbst-Coaching.)

2. Stabliste II
Erarbeiten Sie gemeinsam mit Ihrem Klienten eine Stabliste der Energien, die er gerne stärken will. Hier liegt der Fokus auf den zu befreienden Einflüssen. Beispielsweise kann die Befreiung der inneren Diva eine Gegenkraft zu einem gelebten *Mauerblümchen* sein. Hier lassen sich oft auch Merkmale oder Verhaltensweisen (wieder)entdecken, die großen Einfluss auf die Lebensfreude haben können.

3. Im Spiegel der Vorwürfe
Begleiten Sie Ihren Klienten dabei, einen Vorwurf an einen Menschen mit einer tragenden Rolle in dessen Leben nach The Work© von Byron Katie zu spiegeln. Die Methode ist auf Seite 166 im Anhang erklärt. Wichtig ist, dass der Klient in sich hineinspürt, welche Antworten sich richtig für ihn anfühlen. Diese Aufgabe selbst an sich auszuprobieren, macht für den Beratungsprozess großen Sinn.

4. Traumbesetzung
Wenn Ihr Klient eine Rolle in seinem Leben zu besetzen hat – sei es als Freund/in oder Partner/in – lohnt sich ein genaues Ausleuchten der Traumbesetzung für diese Rolle. Durch die Fragen nach äußeren und inneren Wunschvorstellungen ergeben sich meist intensive Prozesse. Auch Meditationen oder Traum-/Trance-Reisen bieten sich als Interventionen an. Ziel dieser Auseinandersetzung ist es, den eigenen Wünschen auf die Spur

zu kommen. Auch Werte zeigen sich auf diese Art sehr eindrucksvoll. Formuliert Ihr Klient „Nicht"-Aussagen, bitten Sie ihn um eine positive Formulierung. „Mein Wunsch-partner soll nicht rauchen" kann dann zu: „Mein Wunschpartner ist gesundheitsbewusst und rauchfrei" werden.

5. Rolle rückwärts

Lassen Sie Ihren Klienten für sich herausarbeiten, welche Merkmale für ihn mit der Rolle des „idealen Partners", „besten Freundes", „guten Chefs" etc. verbunden sind. Dann prüft der Coachee, wie viel Übereinstimmungen es zwischen dem Ideal und der Wirklich-keit gibt. In einem nächsten Schritt lässt sich gemeinsam klären, ob und wie genau der Klient selbst diese Qualitäten in die jeweilige Beziehung einbringt. Dies kann ebenfalls spannende Prozesse in Gang setzen.

6. Besetzungscouch

Welche Rollen hat Ihr Klient im Innen und Außen besetzt? Gibt es offene Parts? Wie lan-ge sind sie unbesetzt? Was sind die Gründe dafür?

7. Der größte Kracher meines Lebens

Mit welchen Menschen hatte Ihr Klient großen Krach? Waren es mehrere oder ein großer Knall? Spüren Sie gemeinsam dem Thema und der Qualität des Kraches nach. Was hatte er für Konsequenzen? Wie wirkte er sich auf die Beziehung zwischen dem Klienten und der anderen Person aus? Wie auf das Leben des Klienten? Wie auf die Rolle, die der „Kra-cher" gespielt hat? Gibt es heute noch Kontakt? Ist etwas von damals offen geblieben?

Strategie 4:
Setzen Sie Licht ...?
(... bevor Sie im Dunkeln tappen)

Licht zu setzen gehört auch zu den wesentlichen Komponenten beim Filmemachen. Licht beeinflusst Stimmungen und die Sicht auf Menschen und Gegenstände. Licht setzt eine Szene in gleißende Helligkeit oder lässt sie düster. Licht ist weich und romantisch oder hart und realistisch. Es (ver)schönt oder entblößt. Haben Sie schon einmal darüber nachgedacht, wie Sie in Ihrem Leben Licht setzen und welches?

Wie setzen Sie Licht?

Richten Sie Ihre Scheinwerfer immer wieder auf die „Fusseln unterm Bett"? Das Zimmer ist aufgeräumt und sauber, nur unter dem Bett haben sich einige Staubflusen zusammengeballt und genau dorthin leuchten Sie auch? Welchen Eindruck haben Sie dann von dem Zimmer? Meistens haben wir unsere Standardlampen postiert. Sie sind seit Jahren im Einsatz und bleiben oft sogar exakt an derselben Stelle stehen. Wenn eine Glühbirne kaputt ist, wechseln wir sie aus und wählen meistens dieselbe Wattstärke, dieselbe Form. Gehen uns so (neue) Lichter auf? Kaum.

Doch im Grunde ist Licht ja eine veränderliche Größe: Im Verlauf eines Tages oder Jahres wandelt es sich. Schon ein anderer Standort für Ihre Scheinwerfer kann eine Szene ganz neu ausleuchten – mit unerwarteten Effekten. Wie wir unser Licht setzen, hat sehr viel mit unserem Fokus zu tun und der Frage, worauf wir uns konzentrieren. Wie haben Sie Ihre Wahrnehmung programmiert? Ihr innerer Regisseur kann dieses Umgruppieren und Neuordnen der Lichtquellen veranlassen, wenn er sich über die Wirkungsmöglichkeiten der eigenen Lichtquellen bewusst ist. Im Coaching erlebe ich immer wieder, dass Klienten sehr viel Licht auf ihre (vermeintlichen) Schwächen richten. Spot an: Misserfolge, Versagen, Situationen, in denen sie mit sich unzufrieden sind, stehen im Mittelpunkt. Die anderen Situationen bleiben im Dunkeln, weil sie vermeintlich ganz normal sind. Aber sind sie denn tatsächlich so normal? Im Dialog werfe ich dann gerne die Frage nach der hellen Seite auf. Diese gibt es immer, weil sie dazugehört. Zum Schatten gehört das Licht, ausnahmslos – eine Tatsache, die wir typischerweise immer wieder ausblenden. Und je stärker unser innerer Kritiker ausgeprägt ist, umso mehr Schatten wird er überall wahrnehmen und die dazugehörigen Lichtquellen einfach übersehen. Bei solch einer Manipulation der Realität hilft Licht.

Beleuchten: den
Nutzen vermeintlicher
Schwächen

Eine andere Sichtweise, die es zu beleuchten lohnt, ist die Perspektive, dass auch Schwächen durchaus Nutzen haben (können). Es sind nur vermeintlich Schwächen, weil sie auch Positives bewirken. Es kommt auf den Zusammenhang an.

Hell und schattig

Es gibt Menschen, die tatsächlich sehr schnell im Umsetzen von Ideen und Eingebungen sind. Das führt häufig dazu, dass ein solcher Mensch anderen im wahrsten Sinne des Wortes vorauseilt und sie mit seiner Geschwindigkeit abhängt und/oder abschreckt. Dies kann der schnelle Umsetzer selbst als belastend und eindeutig negativ empfinden. Im Coaching lässt sich gemeinsam mit dem Coach be*leuchten,* dass ein spontaner, schneller Zündfunke den Gemeinschaftsmotor anwirft und etwas Mitreißendes hat. Der lichte Aspekt daran ist die immense Energie, mit der Dinge begonnen werden und in die Umsetzung gehen. Ein Schattenaspekt kann dabei sein, dass auf die Schnelle wichtige Dinge in Vergessenheit geraten.

Menschen, die um diese Zweischneidigkeit wissen, haben die Chance, damit konstruktiv umzugehen – wenn sie einen energievollen Start für den Anschub nutzen und dann wieder entschleunigen, um mit den anderen auf einer Höhe zu bleiben und auch Details im Blick zu behalten. Wenn sie nur den Schatten sehen, das Dunkle am Schnellstart und dass sie alleine vorneweg marschieren – das macht natürlich auch einsam –, dann verlieren sie damit auch eine wichtige Stärke und Ressource aus dem Blick.

Das funktioniert auch andersherum. Großzügigkeit ist in der Wahrnehmung vieler Menschen etwas Positives und Gutes. Sie gilt auch als das Gegenteil von Geiz. Doch auch hier gibt es einen Schattenaspekt. Großzügigkeit kann andere Menschen beschämen und als gönnerhafte Geste eingesetzt werden, indem sie signalisiert: „Schau(t) her, ich bin so gut, so nett zu dir/euch!" Sie kann auch ein Mittel sein, um Aufmerksamkeit und Zuneigung von anderen Menschen zu „erkaufen".

Gerade beim Thema Lichtsetzen im eigenen Leben ist die Dualität des Erlebens besonders deutlich. Ich habe die Erfahrung gemacht, dass ich mich viel freier fühle, wenn ich mir bewusst bin, dass die Kategorien „falsch" und „richtig" in ihrer Absolutheit wenig bringen – außer einem diffusen Gefühl des Versagens, wenn ich etwas „falsch" zu machen glaube. Sich selbst fast automatisch in den Schatten zu stellen, raubt auf Dauer viel Lebensfreude.

Ein Coaching-Beispiel aus der Praxis

Eine Klientin litt darunter, dass die zwischenmenschlichen Beziehungen in ihrem Privatleben fragil waren. Sie hatte das Gefühl, nur auf Zeit mit anderen zurechtzukommen. Irgendwann gab es immer den Punkt, an dem es zum Bruch kam. Sie glaubte von sich selbst, beziehungsunfähig zu sein – egal um welches Geschlecht es ging. Als wir uns gemeinsam einige Situationen näher ansahen, kam sehr klar heraus, dass sie sich aus für sie schädlichen Beziehungen befreit hatte, in denen die Balance gestört war. Die Klientin staunte über ihre Erkenntnis. Plötzlich hatte das Beenden von Beziehungen einen sehr hellen, freundlichen Aspekt: nämlich den, gut für sich selbst zu sorgen und mit Menschen zu verkehren, die ihr auch guttaten.

Auch die Fragen „Wo läuft es anders? Wo gelingen Beziehungen gut?" brachten ihr wertvolle Erkenntnisse. Natürlich hatte sie in ihrem engen Umfeld auch Menschen, mit denen sie seit vielen Jahrzehnten eine tiefe Freundschaft verband. Auf die Frage, was diese Freundschaften denn genau ausmache, fand sie die Schlüssel: Vertrauen, gute Gespräche, Geben und Nehmen in der Balance und die Bereitschaft über Irritationen rechtzeitig und ruhig zu sprechen. Die Klientin lernte für sich, in kritischen Situationen etwas über sich selbst mitzuteilen, statt in „Du"-Botschaften zu verfallen. Anfangs fiel ihr das sehr schwer, weil sie wie viele Menschen mit solchen „Du"-Botschaften aufgewachsen war.

Mit der Zeit kam die Übung und sie verbesserte ihre Kommunikation auch am Arbeitsplatz nachhaltig. Ihr Schatten hatte ihr wertvolle Hinweise gegeben, wie und wo es gut lief und was sie daraus auf andere Beziehungen übertragen konnte.

Aufgaben

Selbst-Coaching

1. Dimmen
Zwischen Hell und Dunkel gibt es verschiedene Abstufungen und Nuancen. Wenn Sie ein Verhalten von sich beleuchten, das Sie als „hell" empfinden – in welchen Abstufungen können Sie es dimmen?

Dieser Frage liegt meine Überzeugung zugrunde, dass sich unsere guten und schlechten Eigenschaften aus derselben Grundenergie speisen. Nehmen Sie beispielsweise eine ausgeprägte Feinfühligkeit. Sie hören sehr genau zu, versetzen sich in die Perspektive Ihres Gegenübers, fühlen mit. Wenn Sie Licht herausnehmen, hören Sie sehr genau zu und spiegeln Ihrem Gegenüber ungefragt Ungereimtheiten zurück. Wenn Sie noch mehr Licht herausnehmen, legen Sie jedes Wort Ihres Gegenübers auf die Goldwaage und verwenden es sogar gegen sich. Noch dunkler wird es, wenn Sie bei jeder Unterhaltung darüber nachdenken und laut fragen, was das Gegenüber Ihnen nun mitteilen will und wie es was gemeint hat.

Die Abstufungen machen das eigene Verhalten leichter verständlich und akzeptabel. Das Bewusstsein der Nuancen zwischen den Plus- und Minuspolen kann neue Steuerungsmechanismen und dadurch letztlich mehr Selbstakzeptanz schaffen.

2. Aus Schwächen Stärken machen
Oftmals empfinden wir unsere Schwächen als Makel. Wir sehen sie einseitig und empfinden sie als Belastung. Das würde bedeuten, dass nur das Helle, Lichte „gut" ist. Ist es das tatsächlich? Wenn die Sonne stundenlang gleißt, sind wir dankbar für einen dunklen Schattenfleck.

Wo hat Sie eine vermeintliche Schwäche in Ihrem Leben unterstützt oder bewahrt?

Ein fiktives Beispiel:
Ein Mann, der wegen seiner Lautstärke und Aggressivität oft aneckt und auch unter sich selbst leidet, rettet genau mit dieser Art einen anderen Menschen aus einer gefährlichen Situation, als der von anderen bedroht wird. In diesem Moment erweist sich die Schwäche als Stärke, weil sie in dem konkreten Rahmen sinnvoll ist.

3. Dunkelheit
Was geschieht, wenn Sie sich bewusst völliger Dunkelheit aussetzen? Kennen Sie einen Ort, an dem Sie eine solche Finsternis erleben können?

Was macht dieses völlige Fehlen von Licht mit Ihnen? Welche Gefühle haben Sie? Wie lange halten Sie dies aus? Wenn Sie in Panik geraten oder sich während der Aufgabe unstabil fühlen, brechen Sie ab.

4. Attribute
Welche positiven Eigenschaften schreiben Sie sich selbst zu? Schreiben Sie alles auf, was Ihnen einfällt. Attribute sind z.B.: musikalisch, ehrlich, humorvoll. Fragen Sie auch andere Menschen danach, was sie an Ihnen schätzen, was ihnen gut an Ihrem Wesen und Ihrer Art gefällt.

Eine Geschichte zum Thema Attribute

Hierzu gibt es eine, wie ich finde, wunderbare Geschichte, die im Internet (als Rund-mail ohne Urhebernennung) kursiert:

Eines Tages bat eine Lehrerin ihre Schüler, die Namen aller anderen Schüler in der Klasse auf ein Blatt Papier zu schreiben und ein wenig Platz neben den Namen zu las-sen. Dann sagte sie zu den Schülern, sie sollten überlegen, was das Netteste ist, das sie über jeden ihrer Klassenkameraden sagen können, und das sollten sie neben die Na-men schreiben. Es dauerte die ganze Stunde, bis jeder fertig war und bevor sie den Klassenraum verließen, gaben sie ihre Blätter der Lehrerin.

Am Wochenende schrieb die Lehrerin jeden Schülernamen auf ein Blatt Papier und daneben die Liste der netten Bemerkungen, die ihre Mitschüler über den Einzelnen aufgeschrieben hatten. Am Montag gab sie jedem Schüler seine oder ihre Liste. Schon nach kurzer Zeit lächelten alle. „Wirklich?", hörte man flüstern.

„Ich wusste gar nicht, dass ich irgendjemandem was bedeute!" und: „Ich wusste nicht, dass mich andere so mögen", waren die Kommentare.

Niemand erwähnte danach die Listen wieder. Die Lehrerin wusste nicht, ob die Schü-ler sie untereinander oder mit ihren Eltern diskutiert hatten, aber das machte nichts aus. Die Übung hatte ihren Zweck erfüllt. Die Schüler waren glücklich mit sich und mit den anderen.

Einige Jahre später war einer der Schüler in Vietnam gefallen und die Lehrerin ging zum Begräbnis dieses Schülers. Die Kirche war überfüllt mit vielen Freunden. Einer nach dem anderen, der den jungen Mann geliebt oder gekannt hatte, ging am Sarg vorbei und erwies ihm die letzte Ehre.

Die Lehrerin ging als Letzte und betete vor dem Sarg. Als sie dort stand, sagte einer der Soldaten, die den Sarg trugen, zu ihr: „Waren Sie Marks Mathe-Lehrerin?" Sie nickte.

Dann sagte er: „Mark hat sehr oft von Ihnen gesprochen."

Nach dem Begräbnis waren die meisten von Marks früheren Schulfreunden versam-melt. Marks Eltern waren auch da und sie warteten offenbar sehnsüchtig darauf, mit der Lehrerin zu sprechen. „Wir wollen Ihnen etwas zeigen", sagte der Vater und zog eine Geldbörse aus seiner Tasche. „Das wurde gefunden, als Mark gefallen ist. Wir dachten, Sie würden es erkennen." Aus der Geldbörse zog er ein stark abgenutztes Blatt, das offensichtlich zusammengeklebt, viele Male auseinander- und wieder zu-sammengefaltet worden war. Die Lehrerin wusste, ohne hinzusehen, dass dies eines der Blätter war, auf denen die netten Dinge standen, die seine Klassenkameraden über Mark geschrieben hatten.

„Wir möchten Ihnen so sehr dafür danken, dass Sie das gemacht haben", sagte Marks Mutter. „Wie Sie sehen können, hat Mark das sehr geschätzt." Alle früheren Schüler versammelten sich um die Lehrerin. Charlie lächelte und sagte: „Ich habe meine Liste auch noch. Sie ist in der obersten Lade in meinem Schreibtisch."

Chucks Frau sagte: „Chuck bat mich, die Liste in unser Hochzeitsalbum zu kleben."

„Ich habe meine auch noch", sagte Marilyn. „Sie ist in meinem Tagebuch."

Dann griff Vicki, eine andere Mitschülerin, in ihren Taschenkalender und zeigte ihre abgegriffene und ausgefranste Liste den anderen. „Ich trage sie immer bei mir", sagte Vicki und meinte dann: „Ich glaube, wir haben alle die Listen aufbewahrt."

Die Lehrerin war so gerührt, dass sie sich setzen musste und weinte. Sie weinte um Mark und für alle seine Freunde, die ihn nie mehr sehen würden.

---

5. Spot an!
Stellen Sie eine Ihrer Eigenschaften in den Fokus, die Ihnen selbst wichtig ist, und beleuchten Sie sie von allen Seiten. Welche Dualitäten hat sie: Wann war sie Ihnen nützlich, wann hat sie Sie eher behindert?

Welche schönen Erlebnisse verbinden Sie mit dieser Eigenschaft?

6. Neue Lampen
Beleuchten Sie das Verhalten eines anderen Menschen, das Sie irritiert oder verärgert hat, mit einer anderen Lichtquelle. „Er beachtet mich nicht" kann zu „Er hat mich nicht gesehen" werden. Finden Sie freundliche, harmlose Erklärungen für Geschehnisse, die Sie ursprünglich gekränkt oder geärgert haben.

7. Skala
Finden Sie Gegenenergien zu Eigenschaften. Auch damit freunden Sie sich besser mit den Schattenseiten an.

impulsiv	↔	kreativ binnen weniger Sekunden
gönnerhaft	↔	großzügig

Coaching mit Klienten

1. Dimmen
Wo Klienten häufig eine Schwarz-Weiß-Wahrnehmung haben, lassen sich gemeinsam Nuancen herausarbeiten. Dies ist auch und gerade bei gewünschten Verhaltensänderungen wertvoll.

Beispiel:
Ein Klient ist cholerisch veranlagt und neigt zu Gefühlsausbrüchen, bei denen er sehr laut schreit und mit den Türen knallt. In einem „Dimm"-Szenario lassen sich einzelne Stufen zwischen „Ausrasten" und „Gelassenheit" beleuchten. Auch hier bietet sich ein szenisches Arbeiten am Schneidetisch an. Eine Situation wird immer wieder „zurückgespult" und neu gestaltet.

2. Skalieren
Das, was Ihr Klient an sich negativ wahrnimmt, hat immer auch eine Gegenenergie, die sich aus derselben Quelle speist. Das Vertiefen dieser Wahrnehmungen kann zu einem neuen Bewusst-Sein und zu einer Gestaltbarkeit der eigenen Stärken und Schwächen führen. Solche Skalengegensätze können sein:

kreativ binnen weniger Sekundenv ⟷ impulsiv
großzügig ⟷ gönnerhaft

3. Dunkelheit
Eine Aufgabe, die Ihr Klient gemeinsam mit Ihnen oder alleine ausprobieren kann: sich völliger Dunkelheit zu stellen und dies auf sich wirken zu lassen. Wichtig hierbei ist eine stabile emotionale Verfassung.

4. Zuschreibungen
In welchem Licht sich Klienten selbst wahrnehmen, lässt sich gut über Zuschreibungen der eigenen Person herausarbeiten. Auch Zuschreibungen anderer Menschen sind interessant. Beleuchten Sie gemeinsam mit Ihrem Klienten, was er sich aus der Sicht anderer für Attribute zuschreibt. Lassen Sie ihn im engsten Kreis solche Attribute erfragen und diskutieren Sie gemeinsam die Ergebnisse und Abweichungen zwischen Eigenwahrnehmung und Fremdwahrnehmung.

5. Wunsch-Zuschreibungen
Welche Zuschreibungen wünscht sich Ihr Klient? Hat er Vorbilder für diese Zuschreibungen? Hier lässt sich herausarbeiten, dass diese Zuschreibungen im Klienten ebenfalls angelegt sind, da er sie ja bereits bei anderen Menschen wahrnimmt. Wünscht sich der Klient eine Zuschreibung wie „kreativ", ist es spannend herauszufinden, wie und in welchem Feld er genau seine Kreativität leben kann und will.

6. Aus Schwächen Stärken machen
Begleiten Sie Ihren Klienten bei der Frage nach den Dualitäten seiner Charaktereigen-schaften. Arbeiten Sie gemeinsam die Licht- und Schattenaspekte heraus. Wo und wann hat ihn vermeintlich Negatives unterstützt?

7. Spot an!
Eine Eigenschaft oder Eigenheit, die dem Klienten im positiven oder negativen Sinne wichtig ist, wird in den Fokus gestellt und in ihren Ausprägungen genauer beleuchtet.

Strategie 5:
Schlagen Sie bewusst den Ton an ...? (... bevor er Sie anschlägt)

Haben Sie schon einmal darüber nachgedacht, wie Sie sprechen? Lassen Sie Ihre Stimme wirken? Ist Ihr Grundpegel eher laut oder verhalten und leise? Trauen Sie sich, in einen Raum hineinzutönen? Ist Ihre Stimme präsent, fest, überzeugend und sicher oder eher schüchtern-zurückhaltend? Variieren Sie Ihre Sprach- und Satzmelodien? Reißen Sie andere durch Ihre Art zu sprechen mit, wenn diese Ihnen zuhören? Modulieren Sie Ihre Stimme, indem Sie die Höhen und Tiefen variieren, oder bleiben Sie eher monoton, in einem gleich klingenden Singsang?

Monotonie zerstört Interesse. Zu schnelles Sprechen gibt dem Zuhörer das Gefühl, Sie wollten ihn abhängen, und es kann sogar Misstrauen erzeugen. Sehr leises und verhaltenes Sprechen erweckt oft den Eindruck von Unsicherheit.

Was geschieht, wenn Sie wütend oder aufgeregt sind? Überschlägt sich Ihre Stimme dann oder schlägt sie um? Wird sie schrill? Oder werden Sie im Gegenteil ganz leise – die Ruhe vor dem Sturm?

Über unsere Sprache und den Ton beeinflussen wir unsere Kommunikation und unsere Außenwirkung maßgeblich. Wie wir sprechen, sagt sehr viel über uns, unabhängig davon, was wir genau sagen. Es gibt einen Versuch, der diese Bedeutung der nonverbalen Botschaften eindrucksvoll belegt: Ein Mensch, der unsere Sprache nicht spricht, reagiert freundlich, wenn wir ihm in einem sehr liebevollen, freundlichen Ton und mit einem Lächeln eine Unverschämtheit sagen. Der Angesprochene strahlt uns an, weil er den Inhalt des Gesagten vom Ton und der Mimik ableitet. Dies belegt eindrucksvoll, wie wenig Gewicht der Inhalt unserer Worte im Vergleich zu den nicht verbalen Signalen hat.

Auch hier leistet Ihr innerer Regisseur wertvolle Dienste, wenn Sie ihn bewusst für Ihr akustisches Lebensset sensibilisieren und aktivieren. Die innere Anweisung: *Leise sprechen!* kann Ihnen in der nächsten Konfliktsituation helfen, dauerhaft Ihre Weichen neu zu stellen, wenn Sie bislang dazu neigen, laut zu werden. Es sind, ich wiederhole es auch an dieser Stelle gerne, tatsächlich diese kleinen Schritte, aus denen langfristige

Veränderungen bestehen. Einmal, zweimal und immer öfter im Alltag angewandt, bildet sich ein neues Muster und Reaktionsschema heraus.

Gerade das Aufbrechen alter Gewohnheiten eröffnet neue Entwicklungsmöglichkeiten.

Aufgaben

Selbst-Coaching

Die folgenden Aufgaben lassen sich am effektivsten mit einem vertrauten Menschen üben. Feedback kann gerade in Bezug auf unseren Ton und unsere Art zu sprechen sehr wertvoll sein. Wie erleben uns Menschen, die uns nahestehen? Empfinden Sie unser Sprechtempo als angenehm?

1. Schweigen
Was macht absolute Stille mit Ihnen? Wie geht es Ihnen, wenn Sie einfach minutenlang schweigen? Wie ist es, diese Erfahrung gemeinsam mit einem anderen Menschen zu machen?

2. Leise sprechen
Sprechen Sie bewusst leise. Wählen Sie hierfür ein für Sie emotionales Thema, bei dem Sie normalerweise lauter würden. Bleiben Sie jetzt bewusst leise, nahe am Flüstern. Was macht das mit Ihnen? Wie geht es Ihrem Gegenüber dabei? Tauschen Sie sich darüber am Ende der Übung aus.

3. Tonvariationen
Probieren Sie folgende Übung und beobachten Sie sich selbst und Ihr Gegenüber dabei: Variieren Sie bewusst Ihre Art zu sprechen. Wechseln Sie das Tempo, betonen Sie anders, sprechen Sie schnell oder langsam, laut oder leise. Spielen Sie mit dem Ton. Und achten Sie auf Ihre Wirkung.

4. Unterbrechungen
Unterbrechen Sie sich absichtlich gegenseitig im Gespräch mit Ihrem Gegenüber – besonders, wenn Sie dazu neigen, die Sätze anderer Menschen zu beenden oder Ihnen mitten im Satz ins Wort zu fallen. Lassen Sie dieses Gefühl, unterbrochen zu werden, bewusst auf sich wirken. Unterbrechen Sie den anderen bewusst und lassen Sie dies ebenfalls auf sich wirken.

5. Tonleitern
Steigen Sie Tonleitern hoch und wieder hinunter. Von schrill zu tief, von tief zu hoch. Variieren Sie die Töne spielerisch.

6. Tempomat
Variieren Sie in dieser Aufgabe nur Ihre Sprechgeschwindigkeit. Lassen Sie dies auf sich und Ihr Gegenüber wirken.

7. Stimmbänder
Werden Sie manchmal in der Kommunikation mit anderen Menschen laut oder schreien Sie sogar? Legen Sie in einem solchen Moment die Hand auf Ihren Kehlkopf und Ihre Stimmbänder. Pflegen Sie Ihre Sprechorgane auf diese Weise und machen Sie sich bewusst, dass Schreien Ihnen schadet und in der Kommunikation kontraproduktiv ist.

Coaching mit Klienten

Eine Sitzung lässt sich nach vorheriger Vereinbarung so gestalten, dass das Thema Ton im Zentrum steht oder als Thema mitläuft. Dies setzt wegen der Nähe zur Schauspielerei einen guten Rapport voraus.

Eine solche Sitzung hat dann auch Trainingscharakter, den Sie als Coach bewusst ansprechen. Im Dialog mit Ihrem Klienten können Sie herausfinden, was ...

1. ... Schweigen
auslöst. Wie lange hält Ihr Klient Schweigen aus? Was macht das Nicht-Sprechen mit ihm? Variabel ist, ob Sie als Coach selbst sprechen oder ebenfalls schweigen.

2. ... sehr schnelles Sprechen
des Coachs beim Klienten bewirkt.

3. ... Unterbrechungen
bei Ihrem Klienten auslösen, besonders wenn er selbst dazu neigt, anderen ins Wort zu fallen oder Sätze zu beende.

4. ... monotones Sprechen
bei Ihrem Klienten bewirkt.

5. ... unterschiedliche Sprechgeschwindigkeiten
für eine Wirkung auf den Klienten haben.

6. ... Intonationsvarianten
einer sachlichen Feststellung an Unterschieden ausmachen. Beispielsweise der Satz „Sie haben sich um eine halbe Stunde verspätet." Je nachdem, wie der Sprecher diese Tatsachenfeststellung intoniert, wirkt sie auf den Zuhörenden.

7. ... Schreien
bei Ihrem Klienten auslöst – physisch und psychisch, wenn er a) selbst schreit und b) angeschrien wird.

Strategie 6:
Balancieren Sie alles am Set Ihres Lebens aus? (... bevor Sie aus dem Gleichgewicht kommen)

Leben Sie Ihr Leben live? Wie gehen Sie mit Ihrer Zeit um? Wie planen Sie? Haben Sie aktuell den Überblick über die Zusammenhänge, die Handlungsstränge, die Genres und die Protagonisten in Ihrem Leben? Bekommen alle so viel Zeit, wie Sie das als stimmig und positiv empfinden? Leben Sie jetzt, heute, in der Gegenwart oder sind Sie mehr auf die Vergangenheit oder Zukunft fokussiert? Sind Sie sich darüber bewusst, dass Sie bei einem Leben außerhalb des Jetzt Ihrem Ego den Regiestuhl überlassen? Konzentrieren Sie sich tatsächlich auf *Ihren Film,* das Meisterwerk in Ihrem Leben, das Sie am Ende abgedreht haben wollen?

Setzen Sie Ihr Filmset mit Ihrem Leben gleich, dann stellt sich hier die Frage nach dem Zusammenspiel und der Balance aller Einzelkomponenten. Ihr Regisseur agiert an diesem Set, wenn Sie ihn dazu ermächtigen. Die Frage ist: Was genau spielt sich wann an Ihrem Set ab? Work-Life-Balance ist heute ein Begriff, der sich auch in den Medien durchgesetzt hat. Er beschreibt das Verhältnis von Arbeits-Zeit zu unserer restlichen Lebens-Zeit und ihren prägenden Inhalten. Es gibt zu diesem Themenfeld wunderbare Bücher, sodass ich an dieser Stelle darauf verzichte, tiefer in die Thematik einzusteigen. Sehr gut finde ich persönlich „Wenn du es eilig hast, gehe langsam" von Lothar J. Seiwert. Der Autor gibt wertvolle Hinweise, wie sich ein Lebensziel, das Sie im optimalen Falle mit diesen Regie-Inspirationen für sich (wieder-)entdeckt haben, praktisch realisieren lässt.

> Work-Life-Balance ist eine wichtige Komponente für ein gutes Lebensgefühl.

Ich arbeite sehr gerne mit einem Coaching-Werkzeug, das sich „Rad des Lebens" nennt. Gemeinsam mit meinem Klienten lote ich mit diesem Tool dessen Ist- und Wunschzustand in Sachen Balance aus.

> Coaching-Tool „Rad des Lebens"

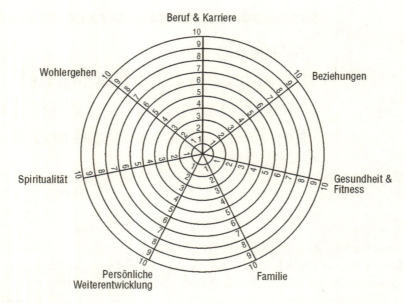

© managerSeminare
Quelle: Christopher Rauen (Hrsg.): Johann Stöger „Rad des Lebens", in Coaching-Tools S. 154.

Diese Kategorien lassen sich natürlich auch nach Ihrem Geschmack und Ihren Bedürfnissen verändern. Wichtig ist bei diesem Werkzeug, aufzumalen, wie stark die einzelnen Segmente in der aktuellen Lebenssituation ausgefüllt sind. Bei 100 Prozent ist das ganze Stück farbig, bei 50 Prozent nun noch das halbe, bei weniger Prozent entsprechend weniger vom „Kuchenstück". Die Auslastung und Balance der einzelnen Teilsegmente lassen sich auf diese Art visualisieren. Wenn Sie unzufrieden sind oder ein Ungleichgewicht bemerken, haben Sie Ansatzpunkte und „Pack-Ans" zur Veränderung. Wenn „Beruf und Karriere" beispielsweise ganz oder zu einem Großteil ausgefüllt sind und „Beziehungen" weniger als 50 Prozent aufweisen, dann lässt sich durch eine bewusste Verschiebung der Priorität mehr Engagement für die Beziehungen einleiten. 80 Prozent Beruf und Karriere stünden dann 70 Prozent Beziehungen gegenüber.

Wichtig ist bei diesem Tool, dass Sie ehrlich zu sich sind. Es nützt wenig, wenn Sie beispielsweise bei Sport etwas eintragen und sich gleichzeitig in Wahrheit wenig bewegen oder anderweitig ungesund leben. Dieses Tool hat den Nutzen, in Ihrem eigenen Interesse Ihren Ist-Zustand zu ermitteln, um eine mögliche Entwicklung für mehr Balance in Ihrem Leben auszulösen. Wenn Sie in Ihrem Balance-Haushalt tiefer gehende Themen identifizieren, empfehle ich Ihnen die Arbeit mit einem Coach Ihres Vertrauens. Gerade wenn es um unsere blinden Flecken geht, ist die Außensicht eines Unbeteiligten von großem Wert. Die Stolpersteine und Widerstände bei der Entscheidung, weniger zu arbeiten, sind ein weitverbreiteter Coaching-Anlass.

Ausbalanciert ...

In einem Park saß ein Mann auf einer Bank. Neben ihm stand eine halb volle Flasche billigen Fusels. Der Mann trug abgewetzte Kleider und Handschuhe mit Löchern. Er hatte einen ungepflegten Bart und zottelige Haare, die wohl schon seit Jahren keinen Friseur mehr gesehen hatten. Der Parkbank näherte sich eine junge Frau. Sie trug eine Aktentasche unter dem Arm und lächelte. Als sie zu der Parkbank kam, auf der der Mann saß, grüßte sie ihn freundlich und fragte, ob sie sich setzen dürfe.

„Sie wollen sich hier neben einen Penner setzen?!", fragte der Mann perplex. „Mit Ihrem schönen Kostüm, geht es Ihnen gut?" Er schaute sie teilnahmsvoll an.

„Mir geht es prima", lächelte ihn die junge Frau an. „Danke."

Der Mann nahm die halb volle Schnapsflasche und stellte sie auf die Erde neben der Parkbank.

„Diese Flasche ist zweifellos halb voll", sagte die junge Frau und fügte hinzu: „Ein echtes Pech für Ihre Leber!"

„Ach, ich finde es schade, dass die Flasche schon halb leer ist", grinste der Mann, der Anfang 50 sein mochte, zurück, „denn nun muss ich mich bald schon wieder um Nachschub sorgen." Dabei deutete er unter die Parkbank, wo bereits eine leere Flasche lag.

„Darf ich Sie etwas Persönliches fragen?" Die junge Frau sah ihn mit unverhohlenem Interesse an.

„Klar, warum nicht. Ist selten, dass sich Zivilisierte mit mir unterhalten wollen, ich gehöre ja schließlich zum gesellschaftlichen Bodensatz ..." Der Mann kicherte in sich hinein.

„Sie kichern so vielsagend?"

„Klar, wer mich sieht, denkt kaum, dass ich einmal ein respektables Mitglied unserer Gesellschaft war, oder?" Er grinste wieder. „Ja, da staunen Sie, nicht wahr, ganz klassisch: mein Haus, mein Porsche, mein Swimmingpool, meine Golfclub-Goldmitgliedschaft ... Was wollten Sie mich denn fragen?"

„Ich wollte Sie fragen, ob Sie Eduard Ferstler sind?"

Dem Mann klappte die Kinnlade nach unten. Er starrte die junge Frau an und brachte kein Wort mehr heraus.

„Ich habe neulich einen Bericht über Sie gelesen. Darin stand, was Ihnen geschehen ist und dass Sie manchmal in diesem Park sind, wenn das Wetter schön ist ... Cora Maiser, angenehm", sagte die junge Frau und reichte dem immer noch perplexen Ferstler die Hand.

„Angenehm ... ja ... Ja, ich bin Eduard Ferstler. Und Sie? Hm, Sie sind Journalistin, oder was? Hat man Sie auf mich angesetzt?"

Die Frau schüttelte den Kopf.

„Was ist es dann?"

„Ich wollte Ihren Rat", sagte sie.

„Meinen Rat???", fragte er. „In der Frage: Wie bringe ich mich um alles in zwei Monaten?! Oder wobei darf ich Ihnen behilflich sein? Vom Top-Management in die Gosse?! Gerne, gerne. Wollen Sie wissen, wie ich es gemacht habe?"

Die junge Frau strich mit einer langsamen, fast andächtigen Bewegung ihr schwarzes Haar hinter die Ohren und betrachtete ihn ruhig und voller Mitgefühl.

„Ja, ich würde gerne wissen, was Sie in diese Lebenssituation gebracht hat, in der Sie heute stecken?"

„Ha!", lachte er verächtlich. „Das kann ich Ihnen sagen, das Leben hat mich in diese Situation gebracht, das Leben, meine Liebe."

„Was ist denn damals passiert?"

„Was passiert ist? Ich habe alles verloren, was mir wichtig war. Ich geriet in eine Krise und dabei verlor ich einfach alles. ALLES, verstehen Sie?!"

Der Mann war den Tränen nahe und er hatte Cora richtig angeschrien.

„Ich habe gearbeitet, gerne und viel gearbeitet. Arbeiten war mein Leben, verstehen Sie. Dann wurde meine Firma von einem amerikanischen Multi aufgekauft. Ich musste noch mehr leisten und zeigen, was in mir steckt. Damals war ich kaum noch zu Hause. Ich hatte ein großes Haus, ein luxuriöses Leben, das wollte ja alles verdient sein. Meine Frau deutete an, dass sie das ewige Alleinsein satt habe. Ich fühlte mich noch mehr unter Druck. Zack! Dann ist es passiert, nach einem halben Jahr im neuen Mutterkonzern erlitt ich einen Herzinfarkt. Ich war plötzlich raus aus dem Spiel. Wissen Sie, wie es mir dabei ging? Es war für mich fast wie Sterben. Manchmal denke ich, es hätte mich gleich richtig erwischen sollen."

„Das tut mir leid für Sie", sagte Cora.

„Ja, mir tut es auch leid."

„Was ist dann passiert?"

„Wenig mehr, in der Firma signalisierte man mir, dass meine Dienste sich erledigt hätten, ich habe meine Sollzahlen auch um zehn Prozent verfehlt und gesundheitlich hätte ich meinen Zenit ja auch überschritten. Als ein befreundeter Headhunter nur müde abwinkte, war mir klar, dass der Zug für mich abgefahren war. Ich war arbeitslos und hing zu Hause herum. Später fing ich dann noch an zu trinken, obwohl mir mein Arzt das wegen des Herzinfarktes streng untersagt hatte. Na, eines kam zum anderen. Meine Frau verließ mich. Sie behauptete wegen der Sauferei, aber ich wusste, dass es ihr sowieso nur ums Geld gegangen war. Geliebt hat sie mich nie, nur meinen Ehrgeiz und das schicke Leben an meiner Seite. Ich verlor das Haus. Na, es war eben eine steile Karriere nach unten in die Gosse. Und da bin ich heute immer noch, wie Sie sehen, junge Frau."

„Haben Sie Ihren Job geliebt?", fragte Cora.

„Arbeit war mein Leben!", antwortete Eduard wie aus der Pistole geschossen.

„Ich habe Sie nach Ihrer Liebe zu Ihrer Arbeit gefragt. Hat sie Sie erfüllt?"

„Pah", schnalzte er geringschätzig und nahm noch einen großen Schluck aus seiner Flasche. „Erfüllt, was soll das schon sein. Füllen tut mich meine Flasche. Die erfüllt mich, jahaaha", lachte er. „Warum willst'n das wiss'n?", duzte er Cora leicht nuschelnd. Der Alkohol wirkte ein wenig.

„Weil ich im Moment in einer Krise stecke. Und ich schaue mir an, was andere in Krisensituationen gemacht haben und warum die einen so daraus hervorgegangen sind und die anderen so..."

„Aha, interessant, wie kann jemand denn noch aus einer Krise hervorgehen? Ich bin dann für Sie der lebende Looser, ja?"

„Sie sind ein Opfer Ihrer Umstände geworden, andere sind gestärkt, verändert und am Ende sogar glücklich herausgekommen ... Die haben sich die Umstände eher geformt."

„Klar, das hat Ihnen sicher so'n Coach erzählt, was? Ha, ha. Mir wollten die Amis auch einen spendieren. Einmal war ich da, der hat mich vollgeschwallt, von wegen Balance im Leben und so ein Bullshit. Ach, der hat ja auch so gefragt wie du eben, ob ich meine Arbeit liebe. Fällt mir gerade wieder ein."

„Das ist ja auch eine bedeutende Frage", antwortete Cora, „wir verbringen schließlich einen Großteil unserer Lebenszeit auf der Arbeit. Im Übrigen bin ich selbst auch Coach. Und glauben Sie mir, auch als Coachs schlagen wir uns in unserem Privatleben mit all diesen Themen selbst herum."

„Hm ..." Er dachte nach. „Als Junge wollte ich immer Pilot werden. Das war mein größter Traum. Aber dann hatte ich leider einen Unfall, als ich 20 war, und aus der Traum."

„O, das tut mir leid."

„Ich hätte bei der Bundeswehr die Fliegerausbildung machen können. Die haben mich angenommen, ich war einer unter wenigen, die sie wollten." Eduard starrte vor sich hin. „Dann kam dieser Idiot und knallte mir voll in die Fahrerseite meines Wagens. Ich war schwer an der Wirbelsäule verletzt und musste meinen Traum begraben."

„Und das, was Sie dann gemacht haben, war eine Notlösung?"

„Ja, so kann man es nennen. Mein Herz schlug immer nur für die Fliegerei. Manchmal habe ich mich mit der Arbeit betäubt. Das half gegen den Schmerz und die Wut. Ich war ja auch wütend."

„Und heute? Wie soll Ihr Leben weitergehen? Wollen Sie sich tot saufen?"

„Na na, Kleine, Vorsicht ..."

„Dahin führt es doch in der letzten Konsequenz."

„Und wenn schon, was geht es dich an?"

„Nichts, da haben Sie recht. Ich danke Ihnen, dass Sie mir Ihre Geschichte erzählt haben. Es hilft mir."

„Wieso hilft dir, äh Ihnen das? Was ziehen Sie daraus für sich? Und in was für einer Krise sind Sie denn selbst?"

„Ich habe auch die Balance in meinem Leben verloren. Ich fühle mich in einer Schieflage und habe das Gefühl, dass ich auf dem Weg in eine Lebenskrise bin. Mein Coach hat mir den Vorschlag gemacht, mit Menschen zu sprechen, die ähnliche Erfahrungen gemacht haben. Einfach um zu sehen, was wozu geführt hat."

„Ach, und was hat bei mir wozu geführt, das würde mich dann ja auch noch interessieren?!"

„Sie trinken. Sie sind ohne festen Wohnsitz. Sie haben Ihre Frau verloren. Was denken Sie selbst?"

„Das Leben hat mich fallen gelassen. Einfach so, zack, peng ... und ich habe mich damit abgefunden. Was hatte ich auch für eine andere Wahl."

„Und wenn ich nun eine Fee wäre, eine von der Sorte, die Wünsche erfüllt? Was wünschten Sie sich von mir?"

„Dass ich die Zeit zurückdrehen und noch einmal von vorne beginnen kann."

„Und dann? Was würden Sie dann anders machen?"

„Ich würde einen Beruf wählen, der mich ins Fliegerumfeld bringt, einen Beruf, der mein Herz höher schlagen lässt. Ich hätte die Chance gehabt, Pilot bei einer Fluggesellschaft zu werden. Die Verletzung verhinderte nur den Dienst bei der Luftwaffe. Ja, ich würde Pilot werden und dann würde auch mein ganzes Leben anders verlaufen ... Da bin ich mir sicher."

„Denken Sie, dass es Auswirkungen auf alles gehabt hätte? Darauf, mit wem Sie leben, wo Sie leben, wie Sie leben?"

„Ja, das denke ich. Ich bin mir zum Beispiel sicher, dass ich mich auch humanitär engagiert hätte, wenn ich bei meinen Reisen in ärmere Länder der Welt gekommen wäre. Heute, wo ich selbst nichts mehr habe, denke ich, wie schade es ist, dass ich früher kaum andere unterstützt habe, obwohl ich so viel Geld hatte. Und ich würde mich sicher auch in eine andere Frau verlieben, eine mit viel Herz und Wärme und Zärtlichkeit. Leben würde ich nur einen Teil der Zeit in Deutschland, den Rest im Süden. Ja, ich würde vieles anders machen. Traurig ist das, wenn ich es mir so betrachte. Das heißt ja, dass ich im Grunde versagt habe. Und eigentlich war das auch mein Hauptlebensgefühl, ver-sagt. Weißt du, was daran besonders komisch ist? Ich habe mir ver-sagt, meinen Traum zu realisieren. Ich meine, im Rahmen meiner damaligen Möglichkeiten wäre es ja gegangen, wenn auch in der abgespeckten Variante, aber ich ... ich kannte nur ganz oder gar nicht ..."

„Was geben Sie mir als Gegenleistung, wenn ich Ihnen diesen Traum wahr mache?", fragte die junge Frau, die sich Cora Maiser nannte.

„Was hätten Sie denn gerne?", fragte Eduard.

„Ich hätte gerne als Gegenleistung, dass Sie anderen Menschen gut, richtig gut zuhören, dass sie andere und ihre Bedürfnisse ernst nehmen und ihnen zu einer klaren Sicht verhelfen, indem Sie sie einfach danach fragen, was sie sich wünschen."

„Ja, das ist einfach. Das mache ich. Und nun holen Sie Ihren großen Zauberstab heraus und versetzen mich zurück in meine Vergangenheit? In das Jahr 1976." Eduard lachte zynisch und verzog das Gesicht.

„Nein", sagte Cora mit einem Augenzwinkern, „so funktioniert das Wunschfee-Szenario nicht. Es eröffnen sich neue Chancen und Gelegenheiten. Wenn Sie wachsam sind und wenn Sie wieder an sich selbst glauben. Sie haben sich aufgegeben, lieber Eduard. Sie selbst waren das. Das Leben ist auf Ihrer Seite ..."

Cora drückte ihm eine Visitenkarte in die Hand, umarmte ihn spontan zum Abschied und ging dann schnellen Schrittes davon, ohne sich noch einmal umzudrehen. Eduard sah ihr kopfschüttelnd nach.

Für einen Moment hatte er tatsächlich davon geträumt, sie könne ihm durch einen Feenzauber die verpassten Chancen in seinem Leben zurückgeben. Gott, ja, er war mehr als lächerlich, das wusste er ja selbst. Er hatte sein Leben gelebt. Hatte er das? Das klang wirklich, als sei er schon tot ...

Als Eduard eine Woche später wieder auf seiner Lieblingsparkbank in der Sonne saß, sah er, dass jemand die Frankfurter Allgemeine Zeitung mit dem überregionalen Stellenteil hatte liegen lassen. Er warf einen Blick hinein, einfach so, ohne genau zu wissen, was ihn in dem Moment bewegte. Dort sprang ihm sofort eine Anzeige ins Auge, die sein Herz höher schlagen ließ: Eine Fluggesellschaft suchte jemanden mit seinem Profil und sein Alter wäre, dies stand dort explizit, kein Hinderungsgrund. Aufgeregt kramte er in der Tasche seiner abgewetzten Jacke herum. Wo war denn bloß ...?

Endlich fand er die Visitenkarte, die Cora ihm in die Hand gedrückt hatte. Cora Maiser, Vision-Coach. „Dich hat mir doch glatt der Himmel geschickt", murmelte er vor sich hin. Er wusste, dass sie ihm bei dieser Sache helfen würde, und er war ganz sicher: Er war wieder im Spiel. Seine Agenda stand in seinem Kopf bereits fest: Alkoholentzug als Erstes. Geld auftreiben, da hatte er bereits eine Idee. Cora würde ihm das Honorar stunden, auch das wusste er einfach intuitiv. Er würde sich um diesen Job bewerben. Er würde alles geben, um ins Umfeld seines Lebenstraumes zu kommen. Er würde, sobald er wieder Geld hatte, mit anderen teilen, denen es schlechter ging als ihm während seiner schlimmsten Phase. Er würde auf die Balance in seinem Leben achten. Ja, er hatte die Chance auf ein neues Leben geschenkt bekommen. Von einer jungen Frau, die ihm ein paar Fragen gestellt hatte ...

Aufgaben

Selbst-Coaching

1. Familiengrüße
Schreiben Sie *einfach so,* ohne einen äußeren Anlass wie Geburtstag oder Feiertag eine oder mehrere schöne Grußkarte/n an Mitglieder Ihrer Familie, Freunde oder Bekannte. Diese Aktion lässt sich auch als Initiator durchführen: Ich habe einmal Grußkarten samt Briefmarke auf der Straße verschenkt – Bedingung war, einem Menschen etwas Liebes darin zu schreiben. Über die positive Resonanz dieser Aktion war ich selbst sehr überrascht.

2. Gesundheit

Wenn Sie sich weniger als zweimal in der Woche oder gar nicht sportlich bewegen, machen Sie noch heute einen Sport Ihrer Wahl. Überlegen Sie sich, welche Sportart Ihnen gefällt und körperlich guttut. Gehen Sie schwimmen, Rad fahren oder einfach spazieren. Setzen Sie das sofort um. Lieber kurz als aufgeschoben und somit höchstwahrscheinlich *nie*.

3. Grußwort

Machen Sie einem Kollegen oder Menschen, dem Sie in Ihrem Alltag begegnen, ein aufrichtiges Kompliment. Am besten ist es, diese Aufgabe jeden Tag zu erfüllen. Das schärft auch die Wahrnehmung für das, was uns an anderen Menschen gut gefällt und positiv auffällt.

4. Spiritualität

Gehen Sie in eine Kirche oder zünden Sie zu Hause eine Kerze für einen Menschen an, dem Sie Kraft, Gesundheit oder etwas anderes wünschen. Denken Sie intensiv an diesen Menschen und Ihren Wunsch. Versenken Sie sich in diesem Gebet, solange es sich für Sie gut anfühlt.

5. Geschenk an Sie selbst

Kaufen Sie sich etwas, das Sie emotional anspricht. Lassen Sie sich einfach treiben und zu Geschäften hinziehen. Schlendern Sie herum und lassen sich von etwas Schönem überraschen, das Sie finden wird.

6. Brief

Schreiben Sie einen Brief an sich selbst aus der Sicht des Menschen, über den Sie sich zuletzt am meisten aufgeregt haben. Versetzen Sie sich bewusst in seine Gefühls- und Erfahrungswelt. Betrachten Sie sich selbst mit den Augen des anderen. Wie empfand er Ihr Verhalten? Was hat er gedacht? Welche Gefühle haben ihn bewegt, als er in der Situation mit Ihnen war? Schreiben Sie alles auf, wie es sich zeigt und aus Ihrer Feder fließt. Bewerten oder korrigieren Sie nichts. Lassen Sie alles fließen.

7. Nein und Ja – bewusst vertauscht

Sagen Sie in drei Situationen „Ja", in denen Sie sonst automatisch „Nein" sagen. Sagen Sie außerdem in drei Situationen „Nein", in denen Sie sonst automatisch „Ja" sagen.

Hier geht es um das Aushalten der Spannung, die entstehen kann, wenn wir aus unseren gewohnten Bahnen ausscheren. Es ist spannend zu erleben, was das veränderte Verhalten auslöst.

Coaching mit Klienten

1. Freude in Stereo
Besprechen Sie mit Ihrem Klienten, was ihm gut tut und vor allem selbst Freude bereitet. Wem könnte dies sonst auch noch den Tag verschönern? Diese Aufgabe bietet sich für die Zeit zwischen zwei Sitzungen an. Bis zum nächsten Mal gilt es, die Freude stereo zu bereiten: sich selbst und einem anderen Menschen. So potenziert sich das gute Gefühl.

2. Das Sportrad des Lebens
Beim Einsatz des Tools „Rad des Lebens" kann ein mögliches Ergebnis sein, dass Ihr Klient seine sportliche Betätigung als zu gering erachtet. Hier lohnt ein genaues Hinsehen. Welche Sportarten kennt und mag Ihr Klient? Was hat er früher gerne gemacht? Was lässt sich mit wenig Aufwand realisieren? Beispiel: Ein Zimmertrampolin mit einem Meter Durchmesser oder ein Hometrainer lassen sich im Alltag ritualisieren. Jeden Tag oder jeden zweiten oder dritten eine halbe Stunde ist ein realistischer Erfahrungswert.

3. Außer der Reihe
Meiner Erfahrung nach greifen Klienten die Anregung „Außer der Reihe" gerne auf. Jemanden mit etwas *einfach so* überraschen: Eine schöne Karte schreiben, ohne dass Geburtstage oder Feiertage der Anlass sind. Ein tolles Essen zubereiten, einfach aus Spaß an der Freude. Solche Aktivitäten außer der Reihe erhöhen die Lebensfreude und bringen Farbe in den Alltag. Vielleicht hat auch Ihr Klient Spaß an dieser Idee?

4. Briefwechsel
Für einen Perspektivenwechsel während einer Sitzung eignen sich Coaching-Tools wie *„Der leere Stuhl"*. Eine wertvolle Anregung kann es für Ihren Klienten sein, zu Hause einen Brief an sich selbst zu schreiben: aus der Perspektive des Menschen, mit dem er zuletzt einen Konflikt hatte oder über den er sich sehr aufgeregt hat.

5. Autopilot
Besprechen Sie mit Ihrem Klienten typische Situationen, in denen er „Ja" gesagt hat, obwohl er „Nein" fühlte. Spielen Sie am „Schneidetisch" die Alternativszene durch, in der er das Gegenteil macht. Was sind die Befürchtungen Ihres Klienten? Was geschieht, wenn er anders handelt und das sagt, was er tatsächlich fühlt?

6. Spiritualität
Welche Orte sind für Ihren Klienten Orte der Kraft und der Ruhe? Schlagen Sie ihm vor, dass er einen solchen Ort aufsucht und dort so lange Zeit verbringt, wie es sich gut für ihn anfühlt. Es ist wichtig, dabei alleine zu sein. Schlagen Sie ihm vor, aufzuschreiben, was ihm durch den Kopf geht, welche Emotionen sich rühren. Sprechen Sie in der nächsten Sitzung über die Erfahrungen, die er gemacht hat.

7. Grußwort

Komplimente zu machen, die ehrlich gemeint sind, das auszusprechen, was uns gut gefällt, kann ebenfalls eine sehr positive Wirkung auf uns selbst zurückstrahlen. Die laut ausgesprochene Wertschätzung anderer – im Zeitraum bis zur nächsten Sitzung täglich oder so oft wie möglich – ist ebenfalls eine gute Übung zur Schärfung des „Güte-Seh-nervs".

Strategie 7:
Setzen Sie Ihr bewusstes Ich
auf den Regiestuhl?
(... bevor Ihr Ego ihn übernimmt)

Was ist das *bewusste Ich*? Für mich ist es die Gegenenergie zu unserem „Ego", jenem Teil unseres Inneren, der uns häufig steuert, ohne dass wir uns dessen bewusst sind. Ich verstehe das bewusste Ich als jene Instanz, die das Geschehen in unserem Leben genau beobachtet und wahrnimmt, ohne unbedingt sofort zu (re)agieren. Der Buddhismus nennt diese Fähigkeit der Selbstbeobachtung *Achtsamkeit*.

In der Methode des Inner Voice Dialogue verstehen Hal & Sidra Stone das bewusste Ich als die Instanz, die den inneren Persönlichkeiten zuhört, sie zulässt, wahrnimmt und ihnen Raum gibt. Das bewusste Ich beobachtet und ist gewahr, es integriert alte, verdrängte Energien in den Gesamtprozess des Lebens und in die eigene Persönlichkeit. Für mich ist das bewusste Ich der Regisseur in meinem Leben oder mein innerer Coach. Es ist jene Kraft in mir, die bewusst wahrnimmt und steuert. Sie ist der Gegenpol zum inneren Antreiber oder Kritiker, die mich in unbewussten Prozessen zum Handeln bringen.

Ganz wesentlich an diesem Regisseur ist auch das Aushalten- und Zulassen-Können von schmerzlichen Gefühlen. Die Kräfte und Energien, die unser Ego steuern, neigen dazu, sofort entfesselt zu sein, meistens in der Form, das Schmerzliche wegzuschieben. Es geht darum, sofort weiterzufunktionieren und Stärke statt Schwäche zu zeigen. Jedoch gerade das genauer anzusehen, was schmerzt und „ziept" ist ein wertvoller Schlüssel zu Veränderungsprozessen. Wir haben meistens sehr gut ausgeprägte Sensoren, die gleich melden, wenn für uns etwas „faul" ist. Das Hinsehen in solchen Fällen lohnt sich und eine innere Instanz wie unser Regisseur hat die Stärke dazu. Er gibt die klügsten Regieanweisungen, wenn er genau weiß, was er will und wo die Hindernisse liegen. Ein vorschnelles Eingreifen in eine Szene ist, so gesehen, eher kontraproduktiv, da wichtige Informationen unentdeckt bleiben können und dabei eine eigene Dynamik entsteht.

Ein Beispiel aus dem Berufsalltag

Sie haben ein schwieriges Verhältnis zu einem Mitarbeiter. Besonders in der Kommunikation mit diesem Menschen kommt es immer wieder zu Missverständnissen, Irritationen und/oder sogar Anfeindungen. Ihre egogesteuerten Kräfte setzen vielleicht sehr schnell auf ein Abwerten des Mitarbeiters („Müller ist ein solcher Idiot!!!") oder auf Machtkampf und darauf, Müller zu zeigen, wo der Hammer hängt („Na, dem zeige ich, wer hier am längeren Hebel sitzt!"). Beides führt dazu, den Konflikt mit Müller zu verschärfen.

Haben in Ihrem inneren Team eher angepasste Teammitglieder das Sagen, dann setzen Sie auf Rückzug („Ich will auf keinen Fall Ärger mit Müller ... der versteht sich ja auch so gut mit meinem Chef!") oder Anbiedern („Ja, Herr Müller, ich mache alles genau so, wie Sie es wünschen!"). Auch hier bleibt im Prinzip die ursprünglich schwierige Ausgangslage ungeklärt und unbearbeitet. Sie stecken Ihre Aufmerksamkeit und Energie in den Umgang mit dem „Problem Müller".

Ihr bewertungsfreier, unparteiischer Regisseur sähe in der Ausgangssituation zwei Personen: Sie und Herrn Müller. Er sähe eine Situation, die von beiden Personen verursacht ist. Er sähe einen Menschen, den Sie direkt beeinflussen können: sich selbst. Herr Müller agiert und vor allem re-agiert ebenso wie Sie selbst. Ihr Regisseur kann nun genau hinsehen und durch das Tool Dialog Scripting herausfinden, was Sie sich von dem Mitarbeiter Müller wünschen. Ihr bewusstes Ich steuert also den Prozess, indem es Ihren Anteil an der Kommunikation wahrnimmt, einräumt und ihn gestalten will. Somit liegt der Fokus auf dem Gestalten der Situation statt auf dem reinen Re-Agieren auf Herrn Müller. Letzteres hieße auch, dass Sie ein Opfer von Müller sind, weil Sie sich zu diesem Opfer machen und machen lassen, von dem Moment an, in dem Sie Müller Macht über sich einräumen. Und Müller? Der ergreift diese Gelegenheit höchstwahrscheinlich, indem er mitspielt.

Mithilfe des inneren Regisseurs die Dynamik durchbrechen

Diese Dynamik durchbrechen Sie, wenn Sie Ihren inneren Regisseur bewusst in die Interaktion mit Müller einbeziehen. Wie sehen Sie Müller an? Haben Sie Ihre Zornesfalte zwischen den Augen auf höchste Kontraktionsstufe eingestellt? Wie ist Ihr Ton, wenn Müller das Büro betritt? Was genau sagen Sie zu ihm? Pampen Sie ihn ebenso an wie er Sie, wenn er unfreundlich mit schlechten Neuigkeiten auf Sie zukommt?

Ist Ihnen diese Sichtweise viel zu einfach? Ja, es stimmt, dass es einfach ist, wenn wir zulassen, unseren eigenen Anteil an diesen Situationen zu beleuchten und zu gestalten. Manchen Müller entschärfen wir auf diese Weise mit links, wenn wir unser bewusstes Ich in Gestalt des inneren Regisseurs einschalten. Die Grundaussage des systemischen Denkens besagt, dass wir durch unsere Anwesenheit und unser Handeln immer Einfluss auf eine Situation und ihre Beteiligten nehmen. Jeder beeinflusst den anderen direkt und unmittelbar. Wenn Sie sich dafür entscheiden, bewusst zu handeln, beeinflussen Sie auch damit Ihr Gegenüber und die Gesamtsituation.

Ihr Regisseur kann einen neuen Scheinwerfer aufstellen, der ein anderes Licht auf das Geschehen wirft: Die Tatsache, dass Müller zu Ihnen kommt statt zum Chef zu rennen, kann auch zeigen, dass er mit Ihnen gemeinsam die Situation retten will. Blitzschnell kann Ihr Regisseur die Szene des Dialogbuches umschreiben. Aus einem geblafften „Müller, wegen Ihres Verzuges ist das Projekt gefährdet" wird ein „Herr Müller, was können Sie und ich notfallmäßig auf die Beine stellen, damit das Projekt trotz unseres Zeitverzuges reibungslos über die Bühne geht?" Der Fokus liegt auf der Lösung statt auf der Schuldfrage. Hätten Sie Müller vorwurfsvoll die Schuld am Scheitern des Projektes entgegengeschmettert, wäre dieser sofort darauf verfallen, Ihnen die Schuld zurückzuschieben. Es ist dieselbe Situation, nur hat sie das Potenzial für einen ganz anderen Ausgang.

Wann immer wir das Gefühl haben, dass unser Leben automatisch läuft, können wir in Wahrheit Stopp rufen und den Autopiloten ausschalten. Es ist unsere Entscheidung, dies zu tun. Jederzeit.

Übung: Act opposite! Mal das Gegenteil ...

Was geschieht Ihrer Meinung nach, wenn Sie einfach einmal bewusst das Gegenteil von dem machen, was typisch für Sie ist?

Ein ganzer Regietag des Act opposite: Einen ganzen Tag agieren und reagieren Sie anders, als man das von Ihnen sonst gewohnt ist. Routinen geben uns Sicherheit. Sie machen uns und unser Denken auch auf eine gewisse Art starr und eingefahren. Diese Übung macht neue Erfahrungen möglich.

Es kann eine sehr interessante Erfahrung sein, auf sich wirken zu lassen, was mit uns selbst und anderen geschieht, wenn wir uns untypisch verhalten. Ich habe bei meiner letzten Act-opposite-Übung bewusst darauf verzichtet, mich zu Wort zu melden. Es war ein Seminar, bei dem die Teilnehmer mich kannten und wussten, dass mir Wortbeiträge in der Gruppe leicht fallen und auch Spaß machen. Dass ich einfach stumm war, war überraschend und ungewöhnlich. Ich lehnte mich in meinem Stuhl zurück, lauschte allen Wortbeiträgen und fühlte, dass es schön war, auch einfach einmal ruhig zu sein. In anderen Situationen kann ich mir dieses Wohlbehagen wieder wachrufen. In Konfliktsituationen ermöglicht mir diese Fähigkeit, einen Schritt zurückzutreten, auch mich herauszuhalten. Wenn mehrere Menschen involviert sind, kann auch ein anderer „vorpreschen". Früher war ich das immer, ohne diese Entscheidung bewusst zu treffen.

Innere Dialoge mit Ihrer Regie

Dass Sie Ihren inneren Regisseur zum Leben erweckt haben und dass er mit Ihnen an Ihrem Lebensset kooperiert, merken Sie an dem inneren Dialog, der dann ganz von selbst einsetzt. Wenn Sie beginnen, sich selbst und Ihren Gedanken genau zuzuhören, merken Sie schnell an den Dialogen, in welcher Rolle Sie gerade agieren. Ihr innerer Regisseur macht Ihnen weder Vorwürfe noch bezichtigt er sie irgendeines Versagens oder eines Fehlers. Das unterscheidet ihn ganz klar von Ihrem inneren Antreiber oder Kritiker.

Fangen Ihre Gedanken mit „**Schon wieder ...**" oder „**Immer** passiert es mir, dass ..." an? Dann liegt es nahe, dass Sie sich als Opfer fühlen. Wenn „es" passiert, lohnt sich ein näherer Blick. Wir selbst sind „es" und unser Verhalten trägt dazu bei, dass „es" wieder und wieder passiert. Die Opferrolle ist immer mit aktiven Parts verbunden: dem Part, sich zum Opfer machen zu lassen. Das setzt ein inneres „Ja" voraus. Zur Opferrolle gehört auch, sich in Bezug und Beziehung zu einem Täter zu setzen. Auch ein Opfer übt Macht in seiner Rolle aus. Und auch ein Täter ist unter gewissen Aspekten in seiner Rolle gefangen.

Meine Klientin, die ich Valentina nenne, hatte mir voller Stolz von einer Episode aus ihrem Alltag erzählt, in der sie ihre innere Regisseurin erfolgreich aktiviert hatte. Es ging dabei um eine private Erziehungssituation. Es war, als spräche tatsächlich jemand Regieanweisungen. Natürlich kamen diese aus ihr selbst und ihrem Inneren. Sie ahnte ja längst, wo die entsprechenden Hebel saßen, nur das Bedienen dieser Hebel war ihr lange sehr schwergefallen. Ihre Situation genau anzusehen und darüber zu reflektieren war für sie mit starken Versagensgefühlen verbunden gewesen. In alten Mustern zu bleiben war hingegen vertraut und auf den ersten Blick auch einfacher für sie. In Valentinas beruflicher Situation ging es immer wieder um ihr Unvermögen, Grenzen zu ziehen und ihre eigene Belastung im Auge zu behalten. Sie neigte dazu, sich viel zu viel zuzumuten, um dann irgendwann zu explodieren, wenn ihr alles über den Kopf wuchs. Diese Tendenz lebte sie, wie das meistens bei diesem Muster der Fall ist, auch in ihrem Privatleben und in der Familie aus:

Die Wasserpfeife

Ich hatte mir frei genommen, um einiges in der Wohnung nachzuarbeiten. Es war viel liegen geblieben. Bei dieser Gelegenheit nahm ich mir am Nachmittag auch das Zimmer meiner beiden Kinder vor. Als ich hineinkam, aktivierte sich bereits ein inneres Abwehrmuster. Ich war augenblicklich genervt, als ich das Chaos sah. Hier meldete sich meine innere Regie zum ersten Mal an diesem Nachmittag mit einer ganz klaren

Anweisung zu Wort: Räume das Regal und den Schreibtischbereich auf, den Rest lässt du sie bei freier Zeiteinteilung mit einem Ultimatum zum Ende der Woche selbst machen!

Super, diese Idee gefiel mir. Zum ersten Mal blieb die Wut aus, die sich sonst im Laufe des Aufräumens ihren Weg bahnte. Der innere Dialog ging noch weiter. Aus der Regie verlautete: Dass deine Kinder große Schwierigkeiten mit dem Ordnunghalten haben, liegt auch an deiner Haltung und deinem Verhalten. Peng! Das saß und ich wusste auch, dass da viel Wahres dran war. Ja, es stimmte, immer wieder machte ich ihnen schwere Vorwürfe wegen ihrer Schlamperei und statt Konsequenzen zu ziehen und mit ihnen ein gewisses Handling auszumachen und einzuhalten, räumte ich dann irgendwann doch wieder für sie auf ... und bekam dabei regelmäßig schlechte Laune, mehr noch: sogar eine Riesenwut.

An diesem Nachmittag sollte noch etwas dazukommen. Im Zimmer meines 13-Jährigen fand ich einen merkwürdigen Beutel mit komisch riechenden Krümeln und eine Rechnung für eine Wasserpfeife. Ich hatte sofort die wildesten Assoziationen und spürte, wie in mir eine innere Aufregung und Anspannung wuchs.

Auch hier bekam ich wieder Anweisungen aus der inneren Regiezentrale: Wenn er von der Schule kommt, frag ihn als Erstes einmal, was es mit dieser Rechnung auf sich hat. Wenn du ihn gleich anschreist oder ihn beschuldigst, macht er dicht und du erfährst gar nichts. Sag ihm, wie groß deine Angst ist, weil du an Drogen denkst, erkläre ihm dein mieses Gefühl, dass er dich offensichtlich hintergangen hat.

Genauso habe ich es dann auch gemacht. Obwohl ich Ängste hatte und eine gewisse Enttäuschung empfand, blieb ich ruhig und an der Sache orientiert. So war ein ruhiges Gespräch mit meinem Sohn möglich, der mir alles erzählte, auch die für ihn unangenehmen Details. Dafür, dass er mich hintergangen hatte, entschuldigte er sich bei mir. Mit der Lieferung der Wasserpfeife hatte er mich ziemlich hinters Licht geführt, denn er ließ sie sich auf seinen Namen an die Adresse eines Freundes schicken. Ich schaffte es sogar, ihm für diese Pfiffigkeit meine Anerkennung auszusprechen, auch wenn ich das Hintergehen an sich missbilligte.

Diese Situation hat sich bei mir fest verankert. Wann immer ich in Situationen komme, in denen mich früher meine Wut oder meine Emotionen sofort aus der Ruhe gebracht hätten, denke ich an die Wasserpfeife und bleibe besonnen. Dann kommt die Stimme aus der Regie: „Atme ruhig ein. Atme ruhig aus. Denk an die Wasserpfeife, da hast du eine neue Bahn in deinen Gehirnvernetzungen gelegt. Diese kannst du ausbauen, indem du sie häufig benutzt."

Hätte mir jemand vor ein paar Jahren etwas von meinem inneren Regisseur erzählt, ich hätte demjenigen mit einem besorgten Blick einen Psychiater empfohlen oder Fieber gemessen. Heute hilft mir dieses Bild sehr, auch in weniger dramatischen Situationen. Es ist, als sei jemand ständig im Hintergrund, der sagt: „Wir gestalten die Situation." Das erlebe ich als eine ungeheure Macht in meinem eigenen Leben. Ich kann frei wählen, was ich mache, weil ich eine Instanz in mir habe, die den Überblick behält und darauf achtet, was mir guttut und was mir schadet. Das hat meine Lebensqualität enorm verbessert.

Ich-Botschaften

Immer wieder höre ich von Klienten, dass ihnen diese inneren Zwiegespräche wertvolle Hilfestellungen leisten – vor allem dann, wenn es darum geht, einen kühlen oder klaren Kopf zu bewahren. Andere sind skeptisch. „Sie sind ja gut, mit Ihrem Dialog-Scripting. Wann soll ich das denn bitte machen?!" Dialog-Scripting eignet sich tatsächlich weniger in einer akuten Situation. Es ist ein Werkzeug, um sich über die eigenen Kommunikationswünsche klar(er) zu werden. In akuten Situationen hilft hingegen, sich als Regieanweisung das Konzentrieren auf „Ich"-Botschaften parat zu legen. Diese lässt sich dann sogar im Eifer des Gefechtes abrufen.

„Sag etwas über dich!", kommt es aus der Regie des bewussten Ichs. Es funktioniert. Selbst wenn ich schon ganz anders losgelegt habe, rudere ich zurück und verändere meine Aussage. Das sind dann spontane Skript-Änderungen. Wenn sie erfolgreich verlaufen, wächst wiederum das Gefühl, die eigenen Situationen selbst zu gestalten.

Vor Kurzem sprach ich am Telefon mit einem befreundeten Coach-Kollegen. Er verschob einen Termin, weil sein Wagen defekt war, und sagte: „Ich muss noch mein Auto ..." Dann stoppte er mitten im Satz und korrigierte sich selbst: „Es ist mir wichtig, mein Auto heute noch in die Werkstatt zu bringen, damit ich es schnellstmöglich zurückbekomme." Ich habe gelacht und mich gefreut, dass auch andere Menschen diese Form der Selbstbeobachtung anwenden, und empfand es als schöne Möglichkeit, die Achtsamkeit der Sprache zu üben. Wie oft sagen wir „Ich muss ..." und drücken damit aus (und bestärken uns darin), dass wir fremdgesteuert sind. Wie viel selbstbestimmter hört es sich an, wenn wir eigenverantwortlich unsere Prioritäten und Wünsche setzen und dann auch anderen Menschen mitteilen.

Recording

Achtsamkeit und ein ruhiges Beobachten der Situation fallen uns umso schwerer, je stärker wir emotional beteiligt oder sogar verstrickt sind. In diesen Momenten kann eine Übung helfen, die ich „Recording" nenne. Wenn Sie beispielsweise durch einen beschleunigten Herzschlag oder andere Signale Ihres Körpers merken, dass Sie auf eine Situation gestresst reagieren, stellen Sie sich vor, dass Sie eine Filmkamera sind. Sie und Ihre Augen zeichnen die Situation auf. Dies ist eine Form, sich parallel zu einer Situation zu dissoziieren und sie respektive sich selbst zu beobachten. Eine Coachee hat mit dem „Recording" folgende Erfahrung gemacht:

Erfahrung mit Recording

Es gab kürzlich wieder eines jener vehementen Streitgespräche mit meiner 16-jährigen Tochter. Thema war die Uhrzeit, zu der sie nach Hause kommen sollte. Lautstark und sehr pampig attackierte sie mich und meine Zeitvorgabe. Mein Angebot, gemeinsam und ruhig einen Kompromiss auszuhandeln, scheiterte. Ich spürte, wie mein Erregungsniveau deutlich anstieg. Mein Herzschlag beschleunigte sich und etwas in meinem Magen zog sich zusammen. Mir fiel in diesem Moment die „Recording"-Übung ein und ich schaltete in Gedanken „meine Kamera" in den Aufnahmemodus.

Ich war wütend über das Herumgezicke meiner Jüngsten und verbot ihr in einer Art Reflex, an diesem Tag überhaupt wegzugehen. Meine „Kamera" zeichnete währenddessen alles auf. Ich sah dabei, dass ich durch mein Verbot nun selbst dazu beigetragen hatte, die Situation noch weiter eskalieren zu lassen, denn meine Tochter regte sich jetzt noch lautstarker auf. Auch ich war augenscheinlich nicht in der Lage, mit ihr etwas auszuhandeln. Mein striktes Verbot führte mich in eine Sackgasse. Im Grunde wollte ich ihr ja das Weggehen erlauben, nur sollte sie früher zu Hause sein. Wie kam ich aus der Nummer nun ohne Gesichtsverlust wieder heraus?

Durch das achtsame parallele Beobachten der Situation mit meinem „Kameraauge" gelang es mir, eine Wende herbeizuführen. Ich schlug meiner Tochter etwas vor, das wir noch nie zuvor gemacht hatten: „Lass uns diese ganze Szene auf Anfang spulen und neu machen. Fangen wir bei null an. Komm einfach noch einmal ins Zimmer und handle mit mir die Uhrzeit aus, wann du heute Abend nach Hause kommst." Meine Jüngste schaute mich ziemlich perplex mit großen Augen an und spielte mit. Sie verließ das Zimmer, kam erneut herein und veränderte bereits in diesem Moment ihre Kommunikation. Statt 23 Uhr schlug sie nun selbst 22 Uhr als Uhrzeit vor. So gelang es uns, einen echten Kompromiss auszuhandeln. Das war eine sehr spannende Erfahrung für uns beide.

Zielorientierung

Auch die innere Regieanweisung *„Denke und kommuniziere zielorientiert!"* hilft, die Kommunikation zu verändern. Gerade in schwierigen Situationen versetze ich mich in mein Gegenüber und gehe zuerst davon aus, dass er oder sie prinzipiell gute Absichten verfolgt. Natürlich ist das manchmal auch anders und erfordert dann auch andere Maßnahmen. In dem Moment jedoch, in dem ich die Perspektive meines Gegenübers einnehme, begebe ich mich auf eine Metaebene. Wie ist die Kommunikation für den anderen? Was braucht oder empfindet er oder sie jetzt? Wie ist es für mich und was brauche ich selbst?

Wichtig ist auch, die eigenen Grenzen klar abzustecken. Werden diese dann verletzt, kann ich mich entscheiden, wie ich damit umgehe. Eine Option ist, mich in diesem Fall ruhig und gelassen zurückziehen. Dann fließt die Energie in den Rückzug statt in einen Kampf. Solange ich kämpfe, will ich noch etwas von dem anderen oder hänge an meinem eigenen Anteil der Situation.

Die andere Option ist, den Menschen, der meine Grenzen verletzt hat, klar darauf hinzuweisen und weiter in Kontakt zu bleiben. In beiden Fällen geht es um (Selbst-)Respekt. Respekt und „Rechthaben" schließen sich meiner Erfahrung nach aus.

Schlammschlacht im Internetforum

Ich habe vor Kurzem eine interessante Beobachtung im Internet gemacht. Dort, auf einer Business-Plattform, eskalieren immer wieder Meinungsverschiedenheiten zu richtigen Schlammschlachten. Das Interessante daran ist die immer sehr ähnliche Dynamik solcher Situationen. In einem Board – so heißen die einzelnen Themenbretter der thematischen Foren – beginnt eine Kommunikation zu einem Thema. Innerhalb kürzester Zeit verlassen die Diskutanten das Thema und gehen auf die Metakommunikationsebene: Sie be- oder verurteilen sich öffentlich gegenseitig für die Meinung, die sie vertreten. Diese wird beispielsweise als „Schwachsinn" oder sogar Schlimmeres verunglimpft. In solchen Boards ist die Zahl der Mitleser unglaublich hoch. Wenn es kracht, macht das Zusehen augenscheinlich besonders viel Spaß. Manchmal eskalieren Konflikte so weit, dass gestandene Geschäftsleute, die dort Profile mit ihren realen Namen und Firmendaten haben, androhen, sich gegenseitig zu verklagen. Eine „Du"-Botschaft jagt die nächste und die Fehler und Verantwortlichkeiten werden nur beim Gegenüber gesehen.

Das Interessante dabei ist für mich in solchen Fällen die Frage nach der Resonanz. Was veranlasst erwachsene Menschen, sich mit anderen Menschen auf das Heftigste zu bekämpfen? Was suchen sie in diesen Konflikten? Ein öffentlicher Streit eskalierte zu einem in meiner Wahrnehmung großen theatralischen Aufruhr, weil ein Mitglied der Business-Plattform einen anderen als Kontakt gelöscht hatte. Intrigen, Verleumdungen und öffentliche wie verdeckte Anfeindungen waren die Folge. Wo genau liegt die Resonanz? Was spiegelt das Gegenüber? Was bedeutet „gelöscht werden" und wo liegt der Affront? Welches Thema haben diese Menschen in Wahrheit miteinander? Denn dass sie etwas verbindet, ist augenscheinlich – sogar für alle Welt, die mitliest und zusieht. Nur den Beteiligten selbst entgeht es oft, dass sie in solchen Konflikten – meist sogar eng – „verbandelt" sind. Ein Geschäftsmann schrieb seitenlange Abhandlungen darüber, wie niederträchtig und mies sich ein Widersacher verhalte. Für mich war das Kuriose daran, dass er alles das, was er dem anderen vorwarf, selbst haarklein nachmachte. Alles verdichtete sich auf das „Rechthaben". Keiner war bereit, auch nur einen Millimeter von seinem Standpunkt abzugehen. Sich aus dem Weg zu gehen, war ebenso unmöglich, weil jeder immer wieder auf den anderen reagierte. Hier bin ich wieder bei Byron Katie und ihren Umkehrungen.

Ich selbst habe mich aus dem Forum wieder zurückgezogen, weil ich meine Zeit lieber anders verbringe als in verbalen Schlammschlachten. Mich erinnerte das Ganze an Mobbing aus Schulzeiten, wenn unterschiedliche Klassenfraktionen sich gegenseitig bekämpfen. Nur dass es sich im Internet um Männer und Frauen in den Vierzigern oder Fünfzigern handelte.

Es ist einfacher, die ganze Verantwortung auf das Gegenüber zu verschieben. Wenn A etwas mitteilt und B es missversteht, sagt A sehr häufig: „Sie haben mich falsch verstanden!" Was sagen Sie in solch einem Fall? Ich sage: „Verzeihen Sie, wenn ich mich ungenau ausgedrückt habe, gemeint habe ich ..." Wenn es uns auf die Palme bringt, schwer verstanden zu werden, liegt das Thema bei uns selbst. Unser Gegenüber spiegelt es uns durch: Unverständnis oder Missverständnis. Je mehr wir mit uns selbst im Widerstreit liegen, umso mehr spiegelt sich dieser Streit in unserer Außenwelt.

Eine Auszeit nehmen

Wenn ich in Situationen komme, in denen ich einen klaren Kopf brauche oder ihn zu verlieren drohe, habe ich mir angewöhnt eine Auszeit zu nehmen. Als Erstes hilft mir ein lautes „Stopp!" aus meiner inneren Regie. Ich habe mir angewöhnt, in schwierigen Situationen dieses Stopp tatsächlich zu hören. Es hat den Effekt, dass ich in meiner Kommunikation achtsam bleibe und vor allem bei mir selbst.

Ein Beispiel aus meinem Berufsalltag: Im Rahmen einer vermittelten Beratungsanfrage, die über eine Empfehlung lief, rief ich den potenziell an meiner Dienstleistung interessierten Kunden an. Ich erreichte eine Mitarbeiterin und sagte ihr, dass ich im Rahmen eines bereits bestehenden Kontaktes anriefe. Auch den Namen des Empfehlungsgebers nannte ich. Die Dame am Telefon bezichtigte mich, die Unwahrheit zu sprechen. Sie sagte, dass es keinen Kontakt gegeben haben könne, da sie von nichts wisse. „Stopp!" tönte es aus der Regie, als ich merkte, wie ein Gefühl der Empörung sich auf den Weg machte und schon meinen Herzschlag beschleunigt hatte. „Stopp!"

Diese Dame hatte, so meine Wahrnehmung, ein Defizit, was zwischenmenschliche Kommunikation angeht. Dieses Defizit ließ ich sehr freundlich und bestimmt auf ihrer Seite, wo es hingehörte, weil es ihres war. Auch eine weitere Kommunikation in dieser Form lehnte ich für mich selbst ab. Ich teilte der Dame mein Befremden über ihre Aussage mit und dass das Gespräch an diesem Punkt für mich beendet sei. Mit dem Abschied: „Ich wünsche Ihnen ein schönes Wochenende" legte ich auf. Danach adressierte ich eine E-Mail an den betreffenden Herrn, den ich ursprünglich sprechen wollte. Das Pikante an der Situation war für mich, dass eine Beratungsleistung genau zu diesem Themenfeld „Unternehmensdarstellung nach außen, Kommunikation und Körpersprache" gewünscht war. Ich dachte mir, dass in diesem Unternehmen ein enormer Bedarf war, auch ganz ohne Körper.

In dieser Situation waren schnelles Reagieren und meine Abgrenzung gefragt. Wenn das „Stopp!" aus der Regie kommt, nehme ich mir, wenn es möglich ist, auch gerne eine Auszeit, die ich beispielsweise in der Badewanne verbringe. Vor allem dann, wenn Konflikte Menschen betreffen, die ich kenne und die mir nahestehen. Mich entspannt ein Bad und ich kann mich mental und emotional von der belastenden Situation distanzieren. Da ich mich selbst zu den temperamentvollen Menschen zähle, war dies eine wichtige Lernerfahrung für mich. Nach mehrmaliger Anwendung dieses Stopps der inneren Regie geschieht nämlich etwas sehr Wertvolles: Die eigene Kraft und das eigene Selbstwertgefühl wachsen. Mehr und mehr stellt sich das Gefühl ein, kritischen Situationen von außen gewachsen zu sein, ja, sie entscheidend zu gestalten und zu steuern – auch in Situationen, die potenziell Stressauslöser sind, weil uns andere angreifen oder auf eine Art behandeln, die wir als verletzend empfinden. Unser Regisseur tritt sofort in den inneren Dialog mit uns, wenn wir es zulassen und ihn anhören. Auf diese Weise entschärfen wir selbst unsere kleinen und großen Resonanzbomben.

Kommunikative Situationsentschärfung

Eine der kommunikativen Meisterinnen der Situationsentschärfung ist für mich Angelika Bergmann-Kallwass, die Psychoanalytikerin der Fernsehsendung „Zwei bei Kallwass". Selten habe ich einen Menschen gesehen – selbst wenn es durch ein Fernsehgerät gefiltert ist –, der so empathisch zuhört, nachfragt, Standpunkte auslotet und gleichzeitig Grenzen setzt. Ich studiere immer wieder die Fragetechniken dieser Therapeutin, die auch eine Meisterin der Ich-Botschaften ist. Angelika Kallwass und ihre Entdeckerin, die Produzentin Gisela Marx, haben das Arbeiten an sich und den eigenen psychischen Problemen salonfähig gemacht. Dies finde ich in einer Zeit der zunehmenden Orientierungslosigkeit und steigenden psychischen Krankheiten ein sehr wichtiges Verdienst. Die Botschaften von Angelika Kallwass verzichten durchgängig auf Zuweisungen wie: „Du bist falsch!" Sie fokussiert immer auf das Verhalten der Gesprächspartner und damit auch auf die Veränderungschance. „Dein Verhalten war unangemessen." Der Mensch bleibt in seiner Würde unangetastet.

Wer selbst Veränderungsprozesse erlebt hat, weiß, dass sie genau so funktionieren. Wertschätzung steht an erster Stelle. Sie ist die Basis für alle kleinen und großen Schritte. Leicht abgewandelt heißt ein japanisches Sprichwort „Wenn der Schüler bereit ist, schickt das Leben den Lehrer" – eine schöne Weisheit, die ich aus meinem Leben bestätigen kann. Diese Wertschätzung in uns selbst aufzubauen, ist ein wichtiger und sehr wesentlicher Schritt dahin, uns selbst unabhängiger zu machen. Unabhängig – dies ist ein ganz wesentlicher Unterschied zu „gleichgültig" oder „immun". Auch die Frage aus der Regie „Ist da etwas dran?", an dem, was das Gegenüber sagt, kann wertvolle Impulse geben. Solange der Dialog oberhalb der Gürtellinie bleibt, kann sich auch das Nachfragen lohnen, was der andere genau meint. Es sind wertvolle Impulse, sein eigenes Verhalten zu reflektieren oder zu überdenken.

Achtung: Metakommunikation!

Wenn Sie lernen, sich mit Gesprächspartnern auf einer Metakommunikationsebene auseinanderzusetzen, irritiert das Ihr Gegenüber mit hoher Wahrscheinlichkeit, und zwar ganz besonders dann, wenn das Gegenüber diese Methode bislang selbst vollkommen unbemerkt angewandt hat. Das Wechseln „auf die Galerie", wie ich diese Ebene nenne, kann verwirren.

Beispiel: Kooperationspartner

Versetzen Sie sich einmal in folgende Situation aus einem realen Fall, in dem es um ein echtes Fernsehfilmprojekt ging: Eine vage ins Auge gefasste und noch sehr unkonkrete Kooperation in einem Filmprojekt nimmt plötzlich Gestalt an. Der interessierte Kooperationspartner schickt Ihnen zu einem Zeitpunkt eine schriftliche Vertragsvereinbarung, zu dem die wesentlichen Rahmenbedingungen und Aufgabenverteilungen noch völlig offen statt klar umrissen sind. Bevor Sie einen Vertrag unterschreiben, brauchen Sie Klarheit über die Details.

Sie fragen also sehr genau nach und äußern auch einige Bedenken, die Sie im Zusammenhang mit dem Stand der Konzeption und Planung des Projektes haben. Einwände sind in Ihrer Wahrnehmung (und in der Fachliteratur zum Thema Verkauf und Marketing) ein Zeichen für hohes Interesse und Engagement und sie auszuräumen ist die Vorstufe zu einer realen Handlung. Während Sie Ihre Bedenken darlegen, sagt Ihr Gegenüber am Telefon plötzlich: „Sie machen alles total kompliziert!"

Peng! Du-Botschaft auf der Metaebene. Natürlich macht diese Aussage etwas mit Ihnen. Sie fragen Ihr telefonisches Gegenüber einigermaßen perplex, welchen Sinn es hat, nun auf die Metaebene zu gehen, statt die Inhalte zu besprechen. Daraufhin läuft die Unterhaltung weiter aus dem Ruder, bis Sie sie aufgrund der hochschlagenden Wellen vorerst beenden.

Kennen Sie diese Art der Kommunikation aus Ihrem Leben? Sie sind in einer Diskussion mit Ihrem Partner und plötzlich kommt der Satz: „Du bist immer total unsachlich!" Peng!

Du bist.

Immer.

Total unsachlich.

Und Sie? Was machen Sie dann? Sie regen sich höchstwahrscheinlich über diese Pauschalaussage auf und hören an dem Punkt auf, über das ursprüngliche Thema weiter zu sprechen.

Diese Ablenkungstaktik kann bewusst oder unbewusst sein. In jedem Fall ist eine inhaltliche Auseinandersetzung auf dieser Basis fast unmöglich. Je nach Streitkultur knallen danach Türen oder rollen Tränen oder sogar beides.

Die Geschichte mit dem Kooperationspartner ging ebenfalls weiter. Im Nachgang meldete er zurück, dass er das Gespräch als „grenzwertig" empfunden habe. Auch die betroffene Person fühlte sich unwohl und unzufrieden, konnte allerdings anfangs schwer in Worte fassen, warum. Das Aufschreiben und die Analyse der Situation ergaben später folgendes Bild:

Die Situation festhalten und analysieren

Ich bekomme eine vertragliche Vereinbarung, für mich ein Signal großer Verbindlichkeit, da es sich um ein Rechtsdokument mit Unterschrift handelt. Da ich das Projekt sehr ernst nehme, taucht für mich die Frage auf: Was brauche *ich*, um tatsächlich meine Unterschrift unter dieses Commitment mit Rechtsverbindlichkeit zu setzen? Struktur und Rahmen der konkreten Zusammenarbeit sind dabei zu diesem Zeitpunkt für mich noch völlig unklar.

Was ich bis dato habe, ist eine Impression von einer knapp 90-minütigen Besprechung/Diskussion. Ich höre Gedanken zu einem Filmstoff und gewinne den Eindruck: Eine sehr gute Projektidee und zehn Prozent Futter sind da, die richtige und zeitintensive Konzentrationsarbeit liegt noch vor den Umsetzern des Projektes.

Für mich ist der Rahmen, den es zu klären gilt: Wie sind die Rollen der Kooperationspartner verteilt? „Partner = auf gleicher Augenhöhe", „Boss und Assistent", wie ich es absichtlich provokant genannt habe, oder „Geschäftsmann und Medienprofi" etc.? Wie sind die Verantwortlichkeiten geregelt? Sich darüber mitten im Prozess auszutauschen, hält auf, bremst aus und gibt nach meiner Erfahrung auch Ärger.

Ich kann sehr gut mit jemandem arbeiten, der erst einmal Ideen zulässt und im Teamwork mitspinnt, weiterentwickelt. Realistisch und „down to earth" zu sein ist gut im Vertraglichen und auch in Teilen der Konzeption, in der Kreation ist es schwierig. Genau dafür ist die Frage nach den Rollen wichtig.

Wenn ich sage, ich koche mit einem Menschen ein exotisches Mehrgangmenü zusammen und teile alles „Halbe/Halbe" – ist das schon ein Rahmen? „Halbe/Halbe sagt mir persönlich wenig über die tatsächlichen Abläufe. Ich könnte den mehrstündigen

Großeinkauf machen und der andere kocht dann. Wir könnten alles exakt aufteilen – vom Einkaufen übers Gemüseputzen bis zum Dessert. Mein Gegenüber könnte mir als erfahrener Zeitplaner und Experte auch sagen (wollen), wann ich was in welcher Reihenfolge mache, und mehr dirigieren und steuern, als selbst Hand anzulegen. Halbe/Halbe ist erst einmal eine mit Leben zu füllende Absichtserklärung für mich. Die Struktur entsteht für mich genau dann, wenn geklärt ist, wer was wann wie macht und wie die „Machtverhältnisse" in der Kooperation aussehen.

* * *

Im Telefonat gestern hörte ich auf der Metakommunikationsebene: „Sie machen alles total kompliziert!" Du-Botschaften haben auf mich – wie auf die meisten Menschen – immer wieder eine sehr negative Wirkung. Sie sind eine Bewertung dessen, was ich sage.

Mache ich die Dinge kompliziert? Weil Unterschriften tragende Dokumente für mich eine Ernsthaftigkeit haben, die ich dann ebenso ernsthaft für mich prüfe? Ich finde das normal, legitim und es spricht für mein echtes Engagement und Interesse. Liegt vielleicht in dem Dokument selbst der Kickoff für Komplikationen? Indem sehr schnell etwas, das noch ganz unklar und unausgereift ist, schriftlich verbindlich gemacht werden soll? Kann es auch sein, dass die Komplikationen in der Ausgangssituation mit angelegt sind?

* * *

Vor dem Hintergrund dieser Kommunikation haben sich beide Kooperationsinteressenten letztlich gegen eine Zusammenarbeit entschieden. Eine partnerschaftliche Projektierung auf gleicher Augenhöhe wäre hier höchstwahrscheinlich nur mit einem extrem hohen zeitlichen Aufwand und viel Geduld möglich gewesen.

Wie und mit wem auch immer Ihre Kommunikationen laufen, Ihr innerer Regisseur ist da. Es ist Ihre innere Stimme, die Ihnen sehr früh signalisiert, wie es Ihnen in einer bestimmten Situation oder mit bestimmten Menschen geht. Alleine dieses Bild von der inneren Regie, die wir auch unsere innere Weisheit nennen können, kann schon eine heilende und beruhigende Wirkung haben. Es ist, als arbeiteten wir im Team mit unserem besten Freund.

Wortbumerang

Haben Sie Lust, ein Werkzeug auszuprobieren, das ich „Wortbumerang" nenne? Gibt es Menschen in Ihrem Leben, die Ihnen verbal zusetzen? Stellen Sie sich vor, wie die angreifenden, vorwurfsvollen oder kritisierenden Worte aus dem Mund eines solchen Menschen auf Sie zufliegen. Sehen Sie die Angriffe, Kritik oder Schimpftiraden als aneinander gereihte Buchstaben, die Sie elegant umkreisen und zum Sender der Du-Botschaften zurückfliegen. Dieser Sender sagt in diesem Moment nur vermeintlich etwas über Sie: „Du hast dies getan oder nicht getan, dies und jenes falsch gemacht." Letztlich sagt er Ihnen allerdings etwas über sich selbst: Irgendetwas an dem, was Sie sagen oder tun, bringt Ihr Gegenüber sehr auf.

„Vorwürfe sind", las ich neulich, „aggressiv vorgetragene Wünsche". Es mag spannend sein, herauszufinden, was Ihr Gegenüber Ihnen hinter all den Vorwürfen, Angriffen und der Schimpferei mitteilen will. Doch auch wenn Sie eine Auseinandersetzung damit lieber umgehen: Tief einzuatmen und diese Worte einfach zurückfliegen zu lassen, verschafft uns Zeit, impulsive Reaktionen auszulassen. Nach dem Gesetz der Resonanz reagieren wir inhaltlich, wenn wir uns angesprochen fühlen. Auch die Reflexion darüber funktioniert besser mit einem ruhigen, klaren Kopf.

Aufgaben

Selbst-Coaching

1. Aushalten
Je impulsiver und schneller Sie in Ihren Reaktionen auf andere und vor allem Verletzungen oder Kränkungen sind, umso eher ist Aushalten wahrscheinlich eines Ihrer Themen. Treten Sie bei der nächsten Situation, die Sie schwer aushalten können, in einen Dialog mit Ihrem inneren Regisseur. Öffnen Sie sich für seine beruhigenden Worte: „Atme tief ein und aus. Du bist in Ordnung, so wie du bist. Lass die Situation jetzt einmal so stehen, ohne zu reagieren. Wenn du unbedingt etwas tun musst, weil du jetzt sofort die Spannung abbauen willst, rufe einen Freund oder eine Freundin an und erzähle, wie du dich gerade fühlst."

Je nach Thema kann das Aushalten einige Minuten, Stunden oder sogar Tage dauern.

2. Selbstliebe
Das Gefühl, selbst okay zu sein, nährt sich auch durch Rituale. Überlegen Sie sich ein tägliches Ritual, mit dem Sie sich einmal am Tag selbst zeigen, dass Sie sich mögen und annehmen. Dies kann ein bewusstes Lächeln im Spiegel sein oder sogar ein Küssen Ih-

res Spiegelbildes. Oder das laute Aussprechen eines Affirmationssatzes wie zum Beispiel „Ich bin ein wertvoller Mensch mit all meinen Talenten und Fähigkeiten." Was fühlt sich gut und richtig für Sie an? Bauen Sie dieses Ritual in Ihren Alltag ein. Das stete Wiederholen lässt das Gefühl wachsen und zusehends stärker werden.

3. Selbstsuggestion

Wenn Sie ein Mensch sind, der gerne hört, lassen Sie sich auf das Abenteuer des Alpha-Zustandes ein. Es gibt sehr wertvolle CDs zur bestärkenden Selbstbeeinflussung und Tiefenentspannung. Kaufen Sie sich eine solche CD und hören Sie sie regelmäßig beim Einschlafen.

4. Homöopathische Dosen

Wenn ein ganzer Tag mit Tante Erna Ihnen Kraft und/oder den Verstand raubt, verbringen Sie stattdessen ein paar Stunden mit ihr. Schaffen Sie sich andere Rahmenbedingungen, in denen Sie Neues ausprobieren können. Minimieren Sie die „Muss" und „Soll" in Ihrem Leben. Wenn Sie mit Tante Erna in ein nettes Restaurant gehen, lernen Sie vielleicht plötzlich ganz andere Seiten an sich kennen – Sie beide.

Ich wiederhole es munter: Es klingt banal, die großen Durchbrüche im Verändern unseres Verhaltens sind oft durch einfache Dinge motiviert.

5. „Bisher"

Integrieren Sie das Wort „bisher" in Ihren aktiven Sprachschatz, wann immer Sie über etwas sprechen, das Sie nicht erreicht haben. Sie haben *bisher* dies und jenes nicht erreicht. Und in diesem Falle ist die Verneinung okay, denn Sie erreichen es ja noch – erinnern Sie sich? Das Gehirn kann nicht nicht denken ...

6. Interview mit der Gegenenergie

Wenn Sie in einer typischen Situation nach altbewährtem Muster reagieren wollen, halten Sie inne und treten Sie in einen Dialog mit der Gegenenergie. Fragen Sie diese Energie, was sie will.

Beispiel:
Sie sind unzufrieden mit dem Service eines Unternehmens. Ist Ihr Muster zu schweigen und alles einzustecken, auf sich beruhen zu lassen oder herunterzuschlucken, interviewen Sie Ihren inneren Kämpfer oder Kundenkönig, was er will und jetzt braucht. Dann lassen Sie ihn zu seinem Recht kommen. Ist Kampf Ihr normaler Modus, fragen Sie Ihren inneren Friedensstifter nach seinen Bedürfnissen.

7. Act different
Einen ganzen Tag lang alles anders machen, kann zu einem Impulsfeuerwerk werden. Vom Frühstück über den Arbeitsweg bis zum Feierabend, einfach mal alles anders machen. In der Übung **Act opposite** geht es um das Gegenteil des Gewohnten, hier einfach um Neues. Versuchen Sie es, es macht viel Spaß und knackt alte, festgefahrene Muster und Bahnen.

Coaching mit Klienten

1. Ritualisierung
Rituale bieten Anker- und Vertrauenspunkte im Leben. Erarbeiten Sie im Dialog mit Ihrem Klienten ein tägliches Ritual zur Stärkung der Selbstakzeptanz und Eigenliebe. Dies kann eine tägliche liebevolle Begrüßung des eigenen Spiegelbildes sein (auch das Küssen desselben, wobei Männer hier erfahrungsgemäß eher Berührungsängste haben dürften, doch wer weiß ...). Es kann das eigenhändige Zubereiten eines frisch gepressten Saftes zum Frühstück sein. Brainstormen Sie mit Ihrem Klienten, welche spontanen Ideen er dazu hat.

2. Alphazustand
Die tiefe Entspannung und mentale Offenheit aus dem Alphazustand eröffnen Möglichkeiten zur Veränderung. Wie wäre es, Ihren Klienten anzuregen, dass er sich eine solche CD kauft und regelmäßig hört?

Wenn Sie selbst in Ihrer Rolle als Privatperson auch von dieser Art der Entspannung profitieren können, macht es Sinn, bestimmte CDs zu empfehlen, mit denen Sie gute Erfahrungen haben. Es ist wahrscheinlich, dass Ihr Klient Sie nach Tipps fragt.

3. Halt! Aus! Halt aus ...
Je impulsiver und schneller Ihr Klient normalerweise reagiert, umso größer ist die Herausforderung, Dinge auszuhalten. Ankern Sie einen Signalreiz mit Ihrem Klienten, der ihn in einen Dialog mit seinem inneren Regisseur bringt. Auf eine bestimmte Stelle am Körper klopfen und sehr tief einatmen, wäre so eine Speicherung. Dann geht es darum, eine schwierige oder unangenehme Situation einfach auszuhalten. Dabei kann es um Minuten, Tage oder sogar Wochen gehen. Sinn ist, dem Klienten zu verdeutlichen, was genau mit ihm passiert, wenn er das stereotype Reagieren verwirft. Meist finden sich andere Wege, mit der Spannung umzugehen. Die Vorstellung, eine Situation durch das Auge einer aufzeichnenden Kamera zu beobachten, kann ebenfalls sehr hilfreich für Klienten sein und den Dialog mit der inneren Regie erleichtern.

4. Homöopathische Dosen

Widerstände und Abwehr von den ganz großen Themen lassen sich in kleine Einheiten herunterbrechen und so als besser aushaltbar gestalten. Schauen Sie mit Ihrem Klienten gemeinsam die großen Brocken an und zerkleinern Sie sie gemeinsam.

Ein Beispiel:

Statt einer ganzen Woche Familienbesuch nur ein Wochenende. Oder: Alle fahren gemeinsam an einen Ort, wo die großen Pflichten wie Einkaufen, Kochen, Waschen etc. entfallen. Die Kreativität Ihres Klienten kennt die Antworten.

5. Bisher ...

Wenn es um Themen geht, in denen die Zielerreichung ausgeblieben ist, ist das Wort „bisher" ein entscheidendes Signal an das Unbewusste. Integrieren Sie es in Ihre eigene Sprache und verdeutlichen Sie Ihrem Klienten, welche programmierende Macht dieses Wort im Zusammenhang mit bisher unerfüllten Träumen, Zielen und Visionen hat.

6. Interview mit der Gegenenergie

Regen Sie Ihren Klienten an, mit seiner Gegenenergie in einen Dialog zu treten, wenn er nach Schema F reagieren will. Das bedeutet beispielsweise, die innere Amazone zu deaktivieren, damit die Friedensgesandte zu ihrem Recht kommt, (oder umgekehrt die innere Amazone zu mobilisieren) oder den Ankläger zurückzupfeifen und den „Ich"-Botschafter auf den Plan zu rufen, wenn uns das Verhalten anderer missfällt.

7. Act different

Fantasieren Sie mit Ihrem Klienten einen ganzen Tag nach der Devise: „Act different". Kommen Sie mit ihm Gewohnheiten auf die Spur, bewussten oder unbewussten Ritualen und Mustern. Gehen Sie den Tag im Detail durch. Alles einmal anders zu gestalten hilft, alte Verkrustungen aufzubrechen, Gewohntes neu zu sehen oder Routinen infrage zu stellen. Der Klient denkt über den Tag am Reißbrett nach und verbringt ihn danach mit hoher Wahrscheinlichkeit wirklich genauso oder in Teilen. Denn es macht tatsächlich sehr viel Spaß.

8. Die 7 Strategien im Einsatz – drei Lebensfilme

1955 wurde bei Umbauarbeiten im Wat-Trimitr-Tempel in Bangkok ein Gips-Buddha umgesetzt. Das Kranseil riss, der Buddha stürzte zu Boden und bekam einen Sprung. Unter der Gipsstatue verbarg sich ein Buddha aus reinem Gold, der im 18. Jahrhundert von Mönchen vor plündernden Birmanen versteckt worden war.

Diese Geschichte gefällt mir aufgrund ihrer Symbolik, weil auch wir unsere wertvollsten Schätze in uns tragen. Manchmal verbergen wir sie vor uns selbst und unserer eigenen Wahrnehmung, bis wir zu Boden fallen ... Dies ist für mich mit dem Satz der „Krise als Chance" gemeint. Gleichgültig, wie schäbig uns unsere Hülle auch vorkommen mag, in unserem Inneren liegen die Schätze unserer Persönlichkeit, die freizulegen sich für jeden Einzelnen lohnt. Unser innerer Regisseur unterstützt uns dabei, wenn wir bereit sind, hinzusehen und uns unserem ureigensten Wesen zu stellen.

Ich habe bewusst das Leben von drei Menschen nach intensiven Gesprächen unter dem Aspekt der sieben Strategien *Regie im eigenen Leben* nachgezeichnet. Alle drei haben sich in Therapie- und/oder Coaching-Sitzungen mit sich und ihrem Leben beschäftigt. Diese Protokolle zeichnen in komprimierter Form die Erkenntnisse und Ergebnisse intensivster authentischer Prozesse nach. In den Beispielen habe ich auch ganz bewusst und exemplarisch zwei Menschen skizziert, die ihre Coaching-Erfahrungen auf der Basis vorangegangener oder begleitender Therapien gemacht haben.

Löse ich hier die Trennschärfe zwischen Therapie und Coaching auf oder vermenge gar beide Formen der Veränderungs- und Reflexionsarbeit? Im Gegenteil, ich sehe es so: Während sich Menschen in einer Therapie ihre Selbststeuerungsfähigkeit und das Bewusstwerden alter Muster erarbeiten, legen sie in Coaching-Prozessen fest, wohin und mit welchen Vehikeln die Reise geht und was an die Stelle der alten Muster treten soll. Therapie macht fit für das eigenverantwortliche Gestalten des Lebens. Coaching unterstützt beim konkreten Ausformen bestimmter Themen, Ziele und Anliegen. Anders ausgedrückt: Mit therapeutischer Hilfe lässt sich ein gesunder Boden bereiten, der bildlich gesprochen frei von Schwermetallen und Unkraut ist. Coaching unterstützt beim Säen, Pflanzen, Wässern und Kultivieren der gewünschten Vegetation.

Laut einer Studie von Professor Dr. Manfred Zielke und Dr. med. Klaus Limbacher im Auftrag der Deutschen Angestellten Krankenkasse (DAK) nehmen die psychischen Erkrankungen zu. Gesamtgesellschaftliche Veränderungen haben hierbei eine ebenso große Bedeutung wie individuelle persönliche Gründe. Frauen, Menschen in schwierigen Lebenssituationen, allein lebende, geschiedene und verwitwete Personen weisen insgesamt höhere Erkrankungsraten auf. Auch das Lebensalter spielt eine wichtige Rolle. Das Ersterkrankungsalter für Depressionen und Angststörungen liegt im früheren bis mittleren Erwachsenenalter, doch bereits im Jugendalter ist ein deutlicher Anstieg zu verzeichnen.

Allem voran steht die zunehmende Unsicherheit über die zu erwartenden Lebensläufe und die damit verbundene Flexibilität, sich auf rasch veränderte Anforderungen einzustellen. Hohe Scheidungsraten und eine Zunahme von sozialer Gewalt – sowohl im öffentlichen Bereich als auch innerhalb von Beziehungen – tragen in Verbindung mit einer weitergehenden Vereinzelung (z.B. Einpersonenhaushalte) dazu bei, dass der Einzelne kaum noch Möglichkeiten hat, sich in seiner näheren Umgebung Hilfe und Unterstützung zu holen.

Der Bedarf an Unterstützung steigt demnach. Dass Therapie und Coaching sich zeitversetzt oder sogar parallel effektvoll ergänzen können, zeigen die Beispiele aus diesem Buch. Der Arbeitsansatz „Regie im eigenen Leben" öffnet im besten Falle einen ersten Zugang zu den eigenen Energie- und Kraftquellen. Mit den Beispielen und Themen habe ich bewusst auch auf Felder außerhalb reiner Berufsthemen fokussiert.

Für mich ist Coaching ganzheitlich. Seinen inneren goldenen Buddha kennenzulernen hat Auswirkungen auf alle Lebensfelder. Eine solche innere Befreiung, die sich deutlich im Außen widerspiegelte, erlebte meine Klientin Lucia.

Lebensfilm 1: Lucia

Die Klientin, die ich auf ihren eigenen Wunsch Lucia nenne, weil dieser Name „die Leuchtende" bedeutet, nutzte das Regiemodell, um gemeinsam mit mir in einer Sitzung ihr bisheriges Leben zu reflektieren. In diesem Prozess des Erfahrungstransfers erlebte sie Momente der Rührung, die mich ebenfalls bewegten.

1. Ich wähle die Genres

Mein Filmgenre ...? Das Nachdenken über diese Frage, setzt bei mir intensive und schmerzliche Gefühle in Gang. Ja, was für einen Film habe ich gedreht? In fast 50 Jahren hatte ich gar keinen eigenen Film! Das war bis vor Kurzem tatsächlich meine Realität. Ich habe mich immer wieder zur Co-Regisseurin gemacht und im Leben anderer Menschen Regie geführt. Diese Filme waren meist Tragödien und meine Herausforderung war, das Beste daraus zu machen. Wenn ich helfen konnte, blühte ich auf. Dass ich mich selbst auf diese Weise um ein eigenes Leben brachte, war mir viele Jahre vollkommen unbewusst.

Um diese besondere Dynamik in meinem Leben zu verstehen, sind einige Fakten aus meiner persönlichen Geschichte wichtig. Meine Mutter wurde von ihrem Vater verstoßen, weil sie ein uneheliches Kind von einem Mann erwartete, der sie im dritten Monat sitzen ließ. Zur gleichen Zeit war eine andere Frau von meinem leiblichen Vater schwanger. Mein Großvater lehnte mich schon als kleines Kind sehr offen und deutlich ab. Später lernte meine Mutter einen liebevollen Mann kennen, der sie heiratete. An diese Zeit erinnere ich mich noch gut, sie war glücklich. Als ich vier Jahre alt war, kamen meine Mutter und mein Stiefvater bei einem Autounfall ums Leben. Ich lebte bei meinen Großeltern, also genau bei jenem Großvater, der seinen Hass auf mich kaum verhehlen konnte. Kein Tag in meiner Kindheit und Jugend verging, an dem er mir nicht vorrechnete, was ich ihn kostete und wie verzichtbar meine Anwesenheit für ihn war. Ich tat als kleines Mädchen einfach alles, um ihn umzustimmen und doch noch seine Liebe zu erringen. Ein Unterfangen, das niemals das gewünschte Ergebnis brachte. Mein Großvater trank und ich erlebte die Hölle, in der auch meine Großmutter lebte. Immer war ich bemüht, alles richtig zu machen. Ich hatte oft große Angst zu versagen und dabei immer das Gefühl, niemals genügen zu können.

Fakten aus der Lebensgeschichte

Später begegneten mir immer wieder alkoholabhängige Männer, in deren Leben ich die Regie übernahm. Mein damaliger Mann hat sich buchstäblich zu Tode getrunken. Ich hatte ihn allerdings lange vorher mit meinen beiden Söhnen verlassen, um meine Kinder zu schützen. Auch eine 26-jährige Beziehung, die noch während meiner Ehe begann, war von der Alkohol-

Regie im Leben alkoholabhängiger Männer

sucht des Mannes geprägt. Heute weiß ich, dass ich mir dort und in meiner Ehe die Bestätigung geholt hatte, die ich so gut kannte: „Du bist unwürdig, du bist doch ein Nichts ohne mich, du kannst froh sein, dass ich mich überhaupt mit dir abgebe. Verdien es dir!" Und das tat ich, indem ich Regie in diesen fremden Leben führte. Ich hörte im Grunde mein Leben lang auf meinen Großvater. Er beeinflusste mein Leben auch noch weit über seinen Tod hinaus. Mein altes Heischen nach Aufmerksamkeit und Zuwendung trieb mich in der Folge immer wieder von meinem eigenen Filmset weg ... Ich lief ruhelos hinter dem her, was ich mir so sehr für meine Person und mein Leben wünschte: Liebe, Anerkennung und Angenommen-Sein.

Endlich den eigenen Film drehen Heute weiß ich, welchen Film ich will: einfach meinen eigenen! Ob es eine Liebeskomödie wird oder ein Abenteuerfilm – oder am besten beides –, ist zum jetzigen Zeitpunkt noch offen für mich. Der Durchbruch in meinem Leben ist ja, dass ich jetzt überhaupt das Bedürfnis habe, endlich meinen eigenen Film zu machen. Das ist ein unbeschreiblich schönes Gefühl. Mit den Genres experimentiere ich noch und das finde ich auch aufregend. Zum ersten Mal fühle ich mich rundherum lebendig und da ist diese innere Stimme, die mir sagt: „Ja, du hast ein eigenes Leben, das du selbst gestalten darfst, und es ist ein buntes, schönes, helles und fröhliches Leben. Du hast es verdient, es ist dein Recht, glücklich zu sein auf deinem Weg."

2. Ich schreibe das Drehbuch

Das Drehbuch, das ich mir jetzt vorstelle, ist ein Skript, in dem auch eine liebevolle Partnerschaft vorkommt. Ja, diese Erfahrung ist mir sehr wichtig in meinem Leben. Der Mann, den ich mir an meiner Seite wünsche, ist in erster Linie ein erfolgreicher Regisseur in seinem eigenen Leben. Er braucht mich also nicht als Co-Regisseurin, die bei ihm aufräumt. Für mich bedeutet das als Erstes, dass er ein gesundes und normales Verhältnis zum Alkohol hat. Wichtig ist mir auch, dass er treu ist. Von Dreiecksbeziehungen habe ich genug, die habe ich mir in meinem Leben mehr als einmal zugemutet: als Betrogene ebenso wie als Geliebte.

Die innere Diva entdecken ... Gerade habe ich in mir meine innere Lebefrau entdeckt, ja ich nenne sie sogar meine innere Diva. Das war anfangs sehr neu und ungewohnt für mich. Natürlich zeterten die alten Stimmen sofort: „Du, eine

Diva?! Du Trampel, komm mal wieder auf den Teppich ..." Doch ich habe diese Stimmen ausgehalten und in ihre Schranken verwiesen. Das war wie ein innerlicher Triumph, endlich neue Seiten an mir zu entdecken und vor allem zuzulassen. Mein altes Leben habe ich abgestreift. Eine neue Sonnenbrille ist für mich das Symbol für den Lebens-Wandel. Die habe ich mir vor Kurzem gekauft. Ich wollte sehr gerne eine Sonnenbrille mit großen Gläsern. Leider kann ich aufgrund meiner Sehstärke nur spezielle Gläser tragen. Solche Sonnenbrillengläser sind allerdings wegen der Form und Größe nicht mit Sehstärke zu bekommen. Als ich mit meiner besten Freundin zu meinem Optiker ging, sah sie sofort eine Brille, die genau meinen Vorstellungen entsprach. Ich probierte sie und sie passte einfach wie angegossen. Der Clou daran war, dass ich sie über meiner normalen Brille tragen konnte. Es war eine extravagante Brille und ich fühlte mich wie eine Königin, als ich sie mir selbst schenkte. Diesen Moment habe ich gespeichert, er fühlte sich wunderbar an.

3. Ich besetze meine Darsteller

Wen habe ich gecastet? Inzwischen ist mir bewusst, dass zu meinen Castings keine Bewerber um eine bestimmte Rolle kamen, nein, es waren Regisseure: Regisseure, die an ihrem Lebensset einfach nicht klarkamen. Ich zog magnetisch solche Menschen an, egal ob es Männer oder Frauen waren. Alle strahlten eine gewisse Bedürftigkeit aus und waren augenscheinlich mit ihrem Leben stark überfordert. *Das* rief mich sofort auf den Plan. Es waren vor allem Menschen, die Probleme mit Alkohol oder anderen Süchten hatten.

Ein Leben aus der zuschauenden Perspektive

Ich habe begriffen, dass mein Leben für mich immer aus einer zuschauenden Perspektive stattfand – ja, es war, als hielte ich einen Sicherheitsabstand ein. Ich stand am Rand fremder Leben, ich war präsent, ich griff ein, ich verhinderte das Schlimmste, aber ich war immer außen vor. Fast so, als wäre ich einfach nicht würdig mitzuspielen. Diese Botschaft hatten mir meine Großeltern ja auch oft genug mit auf den Weg gegeben.

Dass ich mir in meinen Beziehungen mit Männern auf einer mir unbewussten Ebene meinen Großvater wieder erschuf, ist mir heute klarer denn je. Ich wollte Liebe erringen, koste es, was es wolle. Bis zur Selbstaufgabe und Verleugnung meiner eigenen Wünsche und Bedürfnisse habe ich dieses Ziel verfolgt. Meine Kraftreserven schrumpften. Erst als ich mich aus meiner destruktiven langjährigen Beziehung löste, veränderte sich alles. 26 Jahre hatte ich an der Seite eines Mannes ausgeharrt, der mich verbal misshandelte, quälte, betrog und der jahrelang dem Alkohol verfallen war. Tief in meinem Inneren hatte ich schon lange gespürt, dass ich mich selbst

Der Traum vom selbstbestimmten Leben quälte, indem ich bei diesem Mann blieb. Irgendwann wurde der Traum vom eigenen, selbstbestimmten Leben übermächtig. Ich bin sehr froh über diesen inneren Überlebenswillen.

4. Ich setze Licht

Licht setzen bedeutet für mich heute, mich selbst im wahrsten Sinne des Wortes sichtbar zu machen und mich selbst anzustrahlen. Es ist tatsächlich wie das berühmte: „Licht aus, Spot an!" aus den 1970er-Jahren. Ich stehe nun zum ersten Mal im Scheinwerferlicht meiner eigenen Lampen und halte aus, dass sich meine eigene Aufmerksamkeit auf mich selbst richtet. Das ist neu, das ist ungewohnt und das ist für mich ganz einfach aufregend. Wenn ich daran denke, dass ich fast 50 Jahre lang eine graue und chamäleonartige Selbstwahrnehmung hatte, freue ich mich umso mehr über mein neues, inneres und äußeres Glitzern. Immer wieder treffe ich in meinen Gedanken auf meine innere Diva.

Im Moment bekomme ich viele Komplimente. Ich fühle mich mindestens zehn Jahre jünger und das melden mir andere Menschen auch zurück. Wenn ich mich draußen bewege, merke ich, dass ich wahrgenommen werde. Menschen lachen mich an oder suchen das Gespräch mit mir.

Ich schminke mich heute anders als früher. Ich habe abgenommen und trage jetzt wieder eine Kleidergröße aus früherer Zeit. Während ich mich früher sofort aus dem Licht zurückgezogen hätte, weil ich Komplimente für gelogen oder für Manipulation hielt, genieße ich es immer öfter, präsent zu sein.

5. Ich schlage den Ton an

Mit meinem Ton, mit meiner Stimme verbindet mich heute sehr viel. Vor Kurzem hatte ich bösartige Zellveränderungen an meinen Stimmbändern. Ich musste mehrmals operiert werden. Im schlimmsten Falle wäre das Stimmband sogar entfernt worden – zum Glück blieb es mir erhalten. In dieser Zeit habe ich mich intensiv mit meiner Stimme und meinem Ton auseinandergesetzt. Plötzlich empfand ich sie als sehr schön. Diese Rückmeldung hatte ich schon oft in meinem Leben bekommen – nur das zu glauben fiel mir sehr schwer.

Im Gegensatz zu früher bin ich heute sehr dankbar, dass ich diese Stimme habe. Menschen hören mir gerne zu, wenn ich spreche. Es ist eine große Chance und Freude für mich, über meine Stimme und die Art, wie ich spreche, Aufmerksamkeit bei anderen zu wecken. Wenn ich daran denke, dass ich meine eigene Stimme viele Jahre meines Lebens selbst für unerträglich hielt ...

6. Ich balanciere alles am Set meines Lebens aus

Wesentlich für die Veränderung in meinem Leben war die neu erworbene Fähigkeit, „Nein" zu sagen und mich abzugrenzen. Seitdem ich das kann, habe ich meine Zeit besser im Griff und verwende viele Stunden darauf, Dinge zu tun, die mich glücklich machen. Mit einer Freundin zum Mexikaner essen zu gehen an einem normalen Dienstag – früher wäre das für mich schlicht undenkbar gewesen. Das hätte ich mir selbst niemals gestattet.

Die neue Fähigkeit, Nein zu sagen

Auch dass ich seit einiger Zeit regelmäßig zum Sport gehe, tut mir sehr gut und wirkt sich auf mein Wohlbefinden und die Haltung zu mir selbst aus. Mein Programm heißt auf einen Nenner gebracht: Nachholen versäumter Wohlfühl-Zeiten. Ich genieße den Augenblick und lasse mich hineinfallen. Balance in meinem Leben bedeutet auch, „Ja" zu sagen, zu sämtlichen Teilbereichen, die in einem Leben eine Rolle spielen. Ernährung, Bewegung, Spaß, Entwicklung, Hobbys. Früher war mir unwichtig, was ich aß, Hauptsache, meiner Familie ging es gut. Ich achtete auf die Gesundheit und Körper meiner Familie, mein eigenes Wohlbefinden blieb oft auf der Strecke. So war es mit allen wichtigen Bereichen. Ich stellte mich selbst immer hinten an. Mein

Leben war von klein auf völlig aus dem Gleichgewicht – nur merkte ich es nicht, weil ich es ja gar nicht anders kannte.

7. Ich setze mein bewusstes Ich auf den Regiestuhl

Zum ersten Mal sitzt meine Regisseurin endlich auf dem einzig richtigen Regiestuhl und am einzig richtigen Set: meinem eigenen. In meinen Jahren als Co-Regisseurin habe ich sehr viele Erfahrungen und Routine gesammelt. Das alles kommt mir nun in meinem eigenen Film zugute. Wann immer ich mich wieder aus der Szene stehlen und in ein fremdes Lebensset schleichen will, ruft mich meine Regisseurin sofort zurück. Ich stehe ganz am Anfang meines eigenen Abenteuerfilms. Mein Herz klopft, ich bin voller Erwartungen und weiß, dass der Schritt, meine innere Diva zuzulassen, der erste Schritt zu meinem bewussten Ich war. Nach Jahrzehnten als Aschenputtel ist es endlich Zeit für die Wahrheit.

Die Geschichte vom goldenen Buddha hat mich tief berührt. Ich empfinde mein früheres Leben ebenso. Ich war erstarrt, eingegipst. Mein Sturz aus großer Höhe bewirkte, dass auch ich Zugang zu meinen inneren Schätzen und Gaben bekam. Das sehe ich als eines der wertvollsten Geschenke in meinem Leben.

Lebensfilm 2: Siegfried

Der Name Siegfried bedeutet „Sieg und Frieden" und passt als Pseudonym besonders gut zu einem Mann, den ich im Rahmen einer beruflichen Beratungssituation kennengelernt hatte. Bei der telefonischen Freigabe des Skriptes war Siegfried so bewegt, dass er weinte. Ich hatte in der sprachlichen und bildlichen Verdichtung seiner Prozesse (s)einen Kern getroffen.

1. Ich wähle die Genres

Kriegsfilm – das war mein Genre, mein ganzes Leben lang bis zu meinem totalen Zusammenbruch mit Ende 30. Wenn ich mich heute ansehe und mir dann die Zeit bis vor zwei Jahren vergegenwärtige ... Es ist einfach unglaublich, was ich in meinem Leben bewegt und zum Guten für mich verändert habe. Schon als pubertierender Junge begann das im wahrsten Sinne des Wortes brutale Kämpfen – für mich war das auch immer eine Art des Überlebenskampfes. Ich war in eine Sonderschule versetzt worden, weil meine Verhaltensauffälligkeiten diesen Schritt damals nahe legten. Meine Rebellion und der innere Ausstieg wurden mit Dummheit und Zurückgeblieben-Sein verwechselt und gleichgesetzt – ein fataler Irrtum, der mein bereits angeschlagenes Selbstwertgefühl noch weiter schwächte.

Rebellion und innerer Ausstieg

In dieser Zeit begann ich, meine Aggressionen auch massiv körperlich auszuleben. Ich brach einem Mitschüler die Nase, war ständig in Handgreiflichkeiten verwickelt. Kampf, Attacken und auch verbale Angriffe bestimmten mein Leben. Der Höhepunkt war für mich erreicht, als ich meiner damaligen Freundin eine Ohrfeige verpasste. Ich war so in Rage, dass ich sogar meine Überzeugung verriet, niemals die Hand gegen eine Frau zu erheben.

Mit dieser Ohrfeige veränderte sich alles. Durch sie geriet ich in eine tiefe Depression. Eine beruflich bedingte Burn-out-Symptomatik war bei mir im fortgeschrittenen Stadium ebenfalls vorhanden. Hinzu kam mein Alkoholmissbrauch. Abschalten gelang mir nur noch, wenn ich trank. Ich kann sagen, dass ich in dieser Krise mit meinem tiefsten Punkt in Berührung gekommen bin. Viel hätte nicht mehr gefehlt und ich hätte mir das Leben genommen. Zum Glück waren meine Selbsterhaltungskräfte stärker. Ich ging auf eigenen Wunsch in eine psychosomatische Klinik und begann im Anschluss an meinen stationären Aufenthalt eine ambulante Gesprächstherapie. Als sich mein Leben allmählich wieder normalisierte, erhielt ich meine Kündigung. In dieser Zeit kam ich nach fast zwei Jahren Therapie mit dem Thema Coaching in Berührung und begann, diese Form des Feedback ebenfalls für mich zu nutzen. Beides ergänzte sich sehr gut und lief über mehrere Monate parallel.

Depression und Burn-out

Heimatfilm als Wunschgenre Wenn ich das Genre benenne, das ich mir für meinen Lebensfilm wünsche und heute statt der Kriegsszenen umsetze, sage ich dazu: Heimatfilm. Heimatfilm, weil ich mein ganzes Leben lang auf der Suche nach einem Ort gewesen bin, an dem ich mich geborgen und zu Hause fühlen kann. Ich hatte geglaubt, Heimat wäre etwas außerhalb von mir ... Ja, ich hatte die Idee, Menschen sollten meine Heimat sein. So erkläre ich mir heute auch, dass ich mehrmals geheiratet habe und mich dann auch mit den Frauen jedes Mal wieder in Kampfskripten verheddderte und verfing. Inzwischen habe ich eine neue Arbeit gefunden und mir bewusst auch eine neue Wohnung gesucht. Der Heimatgedanke spielte dabei eine wichtige Rolle.

Noch vor einem Jahr war ich unfähig, meine Zeit genussvoll alleine zu verbringen. Ich mochte mir alleine nichts kochen, ich hasste es, alleine zu frühstücken ... Ich empfand das Alleinsein als Strafe. Jetzt genieße ich es, mir meine Wohnung schön einzurichten, mir Dinge zu leisten und zu gönnen, die mir gut gefallen und die mein Wohlbefinden steigern. Ich bringe das innere Gefühl, das ich inzwischen für mich selbst entwickelt habe, nach außen. Im ersten Schritt spiegelt sich das in meiner materiellen Umgebung. An der menschlichen Umgebung arbeite ich intensiv und habe heute einen Freundeskreis, der für mich „Heimat" und Geborgenheit bedeutet.

2. Ich schreibe das Drehbuch

Sehnsucht nach einer festen Partnerschaft Zu meinem gewünschten und neu gewählten Genre des Heimatfilms gehört auch die Sehnsucht nach einer neuen Beziehung und festen Partnerschaft. Ich vermute, dass viele Menschen in der heutigen Zeit diesen Wunsch hegen. Wenn ich mich in meinem Freundes- und Bekanntenkreis umsehe, fällt mir auf, dass kaum jemand in einer „glücklichen Beziehung" lebt – von einigen Ausnahmen einmal abgesehen. Derzeit habe ich in meinem Fokus allerdings vor allem die vertrauensvolle Beziehung zu mir selbst. Das sehe ich heute als Basis für eine funktionierende Partnerschaft. In die nächste will ich als ein Mensch mit Angeboten hineingehen statt als Mangelwesen.

Ich wünsche mir eine Männerfreundschaft. Was ich mir auch wünsche, ist eine Männerfreundschaft zu einem Mann, der ähnliche Prozesse bewegt wie ich. Gespräche über Fußball, Frauen oder Autos langweilen mich. Ich bin interessiert an dem, was

Männer gegenüber anderen Männern und Frauen für sich behalten, an ihrem echten Wesen, an den wahren Ängsten und Gedanken. In der Klinik habe ich einige sehr interessante Männer kennengelernt, die sich durch die Krise auf ihr eigenes Leben eingelassen haben.

Wenn ich an mein Drehbuch denke, fällt mir vor allem auf, wie sehr ich meine Dialoge verändert habe. Heute spreche ich ganz anders als früher. Das zählt für mich zu den großen Durchbrüchen der letzten Jahre. Früher war ich ausschließlich darauf konzentriert, was mein Gegenüber sagt und macht. Ich habe meistens auf (m)ein Stichwort gewartet, um loszulegen. Die meisten meiner Sätze und Botschaften begannen mit „Du hast ...", „Du bist ..." oder „Du sollst ..." Im Coaching habe ich an dieser Art der Kommunikation gefeilt und gearbeitet. Ich lernte die Worte „Ich wünsche mir ..." sehr schätzen. Statt dem anderen zu sagen: „Du bist so und so ... (und damit falsch, denn ich will, dass du anders bist), änderte ich meine Ausdrucksweise in „Ich wünsche mir ..." Damit sagte ich etwas über mich und meine Bedürfnisse und ließ dem anderen gleichzeitig die Wahl, ob er oder sie meinen Wunsch erfüllt. Auch dies hatte weitreichende positive Auswirkungen auf meine Beziehungen zu anderen Menschen. Es führte auch dazu, dass ich mich selbst verantwortlich für meine Bedürfnisse fühlte und nicht mehr automatisch den anderen als zuständig sah und erklärte. Heimatfilm, ja, auch hier.

Du-Botschaften – Ich-Botschaften

Denke ich über meine Träume nach, dann gibt es einen großen ... Ich habe immer davon geträumt, Hunde zu züchten. Allerdings hatte ich auch sofort viele Gründe parat, warum es unrealistisch ist. Ich merke, dass ich über eine Inhaltsangabe, wie ich mir mein weiteres Leben vorstelle, intensiv nachdenken müsste. Da „sehe" ich eher Verschwommenes, schwer Greifbares vor meinem inneren Auge. Der Ausstieg aus dem Kriegsfilm und der Wechsel zum Heimatfilm war für mich der erste Schritt auf dem Weg zu einem neuen Buch. Jetzt gilt es, dieses Buch mit Leben zu füllen. Eine interessante und spannende Herausforderung.

Der Traum, Hunde zu züchten

3. Ich besetze meine Darsteller

Meine Tragödie des Kriegers, der verzweifelt um Liebe und Anerkennung kämpft, spiegelte sich auch in der Besetzung meiner Haupt- und Nebenrollen. Besonders in meinen Frauenbeziehungen erlebte ich wiederkehrende Enttäuschungen von Verlassen und Verlassenwerden. Meine letzte Frau verließ ich wegen einer anderen. Aus der Ehe wechselte ich direkt in eine Beziehung, die von großer Leidenschaft und gleichzeitig unglaublicher Destruktivität gekennzeichnet war. Diese Frau ohrfeigte ich zuletzt auch.

Liebe diente dem Ausgleich von Defiziten. Wenn zwei Heimatlose aufeinandertreffen und vom jeweils anderen den Ausgleich aller Defizite erwarten oder einfordern, endet dies zwangsläufig in der Enttäuschung. Indem ich Liebe und Intimität bei Frauen suchte, die selbst einen großen Mangel empfanden, fühlte ich mich am Ende immer ungeliebt und missachtet. Meinen Partnerinnen ging es genauso mit mir, nur dass ich das nicht nachempfinden konnte. Seit einiger Zeit arbeitet mein innerer Casting-Agent anders. Er wählt anders aus, auch aus dem einfachen Grund, dass ganz andere Typen zum Vorsprechen kommen. Mir gefällt dieser Vergleich. Früher war ich ein Magnet für Menschen, denen es an vielem mangelte, die mit sich und ihrem Leben haderten. Heute fühlen sich Menschen angezogen, die vital und eigenverantwortlich ihre eigenen Geschicke lenken. Die fallen auch immer wieder in schwarze Löcher und durchleben Phasen der Niedergeschlagenheit. Es sind Menschen darunter, die auch eine leidvolle Vergangenheit haben, und dennoch gehen sie damit anders um. Sie stehen immer wieder auf und gehen weiter. Das verbindet uns. Das ist für mich heute meine Heimat. Ich bekomme, ohne zu fordern, und ich gebe ebenfalls, ohne dass es jemand verlangt.

4. Ich setze Licht

Im Lichtsetzen war ich früher ein wahrer Meister. Mit riesigen Scheinwerfern habe ich die Sets anderer Menschen ausgeleuchtet und dabei war ich tatsächlich auch gnadenlos. Durch meine ausgeprägte Feinfühligkeit, die ja der Gegenpart zu meinem schwer bewaffneten inneren Krieger ist und war, habe ich immer sehr schnell gemerkt, was mit Menschen los ist, wo ihre „Leichen im Keller" verbuddelt sind. Dahin habe ich geleuchtet, unerbittlich. Die Reaktionen waren jedes Mal heftig und sie schürten auch die Kampfeslust weiter an. Konflikte waren unausweichlich die Folge.

Ein großer Durchbruch war für mich, zu erkennen, dass ich in den falschen Filmen den Lichtmeister spielte. Irgendwann entstand der Wunsch, mich meinem eigenen Film zuzuwenden und mir dort Gedanken über das Licht zu machen. Da hatte ich genug zu tun, denn mir

Minderwertigkeits-komplexe bezüglich intellektueller Fähigkeiten

war es natürlich auch sehr vertraut, meine „Fusseln unter dem Bett" bestens in Szene zu setzen. Ich leuchtete mit Vorliebe dorthin, wo es mir nicht so gut gefiel. Auch das habe ich in meinem Alltag verändert. Und wenn ich merke, dass ich mir wieder die großen Lampen unter den Arm klemme, um zu einem Nachbarset zu marschieren, damit dort ein Licht aufgeht (heimzuleuchten trifft es auch), dann besinne ich mich und bleibe zu Hause. Heute bekomme ich echte Lichtvariationen hin: Ich kann dimmen, ich wechsele die Positionen der Scheinwerfer. Ich setze bewusst Lichtquellen ein, was auch heißt, sie an manchen Stellen bewusst wegzunehmen.

Ein ganz entscheidender blinder Fleck war ein tief verwurzelter Minderwertigkeitskomplex wegen meiner intellektuellen Fähigkeiten. Ich hatte mich nach dem Trauma Sonderschule weit hochgearbeitet, hatte wie getrieben Beweise meiner Klugheit und Intelligenz angesammelt. Und trotzdem unterstellte ich anderen immer wieder, mich für bescheuert oder beschränkt zu halten. Ich leitete das aus dem Verhalten anderer Menschen ab und wenn mir jemand auf die Überhebliche kam, schaltete mein Autopilot sofort auf Kampfmodus. Dieselbe Situation fördert heute bei mir andere Resultate zutage. Da ich inzwischen auch gelernt habe, die Ebene der Metakommunikation zu bewegen, greift mein innerer Regisseur direkt in Dialoge ein. Ich thematisiere dann sofort die Art, wie ein Mensch mit mir spricht, und verändere damit die Kommunikation maßgeblich in meinem eigenen Interesse. Vor Kurzem hatte ich eine Situation, in der mich eine Kollegin angeschnauzt hat. Früher wäre ich „abgegangen wie Schmidts Katze" – sie hätte meine wundesten Punkte berührt. Ich habe sie einfach freundlich und bestimmt aufgefordert, ihre Stimme herunterzuschrauben und mir in ruhigem Ton zu sagen, was sie sagen will. Das hat sofort gewirkt. Das Gespräch war kurz und verlief ohne Eskalation.

5. Ich schlage den Ton an

Früher galt ich als sehr „harter" Brocken. Ich habe häufig auch verbal zugeschlagen. Mein Ton war dann schneidend, aggressiv und sehr angespannt. Durch die Arbeit an mir selbst und durch ehrliches Feedback von anderen Menschen zu meiner Außenwirkung habe ich gelernt, mich

Selbstbeobachtung lernen

selbst zu beobachten, mir selbst sehr genau zuzuhören. Damit einher ging auch die Veränderung meiner Art zu kommunizieren. Ich bleibe bewusst ruhig, wenn ich merke, dass ich jetzt gerne laut werden würde. Ich thematisiere dann direkt, dass ich merke, wie ich wütend werde. Dann lasse ich den anderen wissen, dass mir an einer ruhigen Klärung des Sachverhaltes liegt. Meistens reicht das aus.

Ich habe die Erfahrung gemacht, dass mein Gegenüber in den meisten Fällen auch eine Klärung will und braucht. Es sind längst nicht so viele Menschen auf dem Kriegsfuß, wie ich das früher geglaubt hatte.

Den eigenen Ton im Auge zu haben, ist ebenso wichtig wie das, was ich sage, manchmal sogar noch wichtiger, weil vom Ton meine Glaubwürdigkeit abhängt. Inhalt und Art des Ausdrückens – für mich war und ist es faszinierend, wie sehr meine allgemeine Gefühls- und Lebensqualität von meiner Kommunikation beeinflusst, ja bestimmt und geprägt wird.

6. Ich balanciere alles am Set meines Lebens aus

Ich musste erst einmal komplett aus dem Gleichgewicht geraten, um zum ersten Mal so etwas wie Balance in meinem Leben zu schaffen. Wenn du auf einen Schlag wirklich bei null stehst: Beziehung kaputt, gesundheitliche Probleme und dann ist auch noch der Job weg, über den du dich dein ganzes Leben lang definiert hast ... Für mich war das tatsächlich die härteste Lektion in meinem Leben.

Ein Aha-Erlebnis war für mich, zu merken, dass alle Segmente in meinem Leben mit eindeutigen Funktionen belegt waren. Alle! Wenn ich Sport machte, machte ich Sport, um etwas zu beweisen – aus Spaß an der Bewegung wurde Kampf. Wenn ich arbeitete, arbeitete ich, um anderen etwas zu beweisen. Gerade im und über meinen Beruf habe ich alles kompensiert, bis auch das nicht mehr funktionierte. In meinen privaten und familiären Beziehungen galt es ebenfalls, etwas zu beweisen. Das war meine einzige Balance und hat meine Akkus auf null gefahren. Natürlich war der Prozess schleichend, er zog sich über viele Jahrzehnte hin. Und plötzlich war da nichts mehr. Alle Felder, alle Tätigkeiten hatten ihren Sinn verloren. Ich konnte nichts beweisen, an das ich selbst nicht einmal

Immer etwas beweisen müssen

glaubte. Das war niederschmetternd und ich fühlte mich, als wäre ich in lauter Einzelteile zersplittert. Und genau da begann der Wiederaufbau.

Heute mache ich Sport aus Freude und Spaß an der Bewegung. Ich mache es in erster Linie für mich und für meine Gesundheit. Mein neuer Job hat mich vor große Herausforderungen gestellt, die ich bewältigt habe. Trotzdem ist jetzt Feierabend, wenn Feierabend ist. Es gibt ein Leben vor und nach der Arbeit.

7. Ich setze mein bewusstes Ich auf den Regiestuhl

Den erfolgreichen Genrewechsel vom Kriegs- zum Heimatfilm verdanke ich meinem inneren Regisseur. Als sich dieser Wandel vollzog, kannte ich das Konzept von der Regie im eigenen Leben zwar noch nicht, allerdings habe ich schon immer etwas in mir gespürt ... Es war so etwas wie eine Kraft, die das Beste für mich wollte, ja, die mich in gewisser Weise sogar beschützte. Diese Kraft in der Rückschau als meinen inneren Regisseur zu definieren, gefällt mir.

Wenn ich mir mein Kampfmuster ansehe, das den ganzen Film bestimmt hat, weiß ich, dass ich immer vergeblich um Liebe und Anerkennung gerungen habe, vor allem in meiner Außenwelt. Ich selbst konnte mich nicht ertragen und lieben schon gar nicht. Schon die Worte „Ich liebe mich" oder „Ich mag mich" befremdeten mich zutiefst. Das forderte ich lieber von den Menschen aus meinem Umfeld ein: Liebe mich! Erkenne mich an! Ich ging mit einer echten Anspruchshaltung auf andere Menschen zu. Ja, verdammt noch mal, die schuldeten mir etwas. Die hatten an mir wiedergutzumachen, was vor allem mein Vater mir vorenthalten hatte.

Vergebliches Ringen um Liebe und Anerkennung

Über das Bild vom inneren Filmteam habe ich auch lange nachgedacht. Gut, da gibt es den hochaggressiven Krieger, der nach meiner Einschätzung bestimmt zu 80 Prozent meine Energiefelder besetzt hatte. Da blieb nicht mehr viel Platz für anderes. In fast jeder Situation meines Lebens steckte eine Lunte, die eine Bombe zum Platzen bringen konnte. Einen inneren Kritiker beherbergte ich auch. Der verbündete sich meist mit meinem Krieger und attackierte mich ebenso heftig, wie ich andere Menschen attackierte. Irgendwann begann ich, mein inneres Schlachtfeld mit Alkohol zu befrieden, weil ich meinte, es anders einfach nicht in den Griff zu bekommen. Dass dies meine ungesunde Dynamik zusätzlich verschärfte, war mir damals natürlich überhaupt nicht bewusst.

Äußere Kämpfe – innere Kämpfe Als ich realisierte, dass sich alle meine Kämpfe im Außen auch in meinem Inneren abspielten und spiegelten, hatte ich zum ersten Mal einen echten Hebel, um etwas in Bewegung zu setzen. Ich fing bei mir selbst an. Und je mehr ich in mir selbst Frieden und Ruhe fand, umso ruhiger wurde auch mein Leben mit anderen. Das spiegelte sich an meinem Arbeitsplatz, in meinen Freundschaften und in den Familienbeziehungen. Ich begann auch, mir genau anzusehen, was/wer mir guttat und was/wer mir schadete. Alles in allem hatte ich das Gefühl, plötzlich alle Fäden meines Lebens selbst in der Hand zu halten. Das war ein unbeschreiblich schönes Gefühl für mich. Als ob ich meine Nussschale auf hoher See gegen einen Ozeanriesen ausgetauscht hätte. Ich lag ganz anders im Wasser und konnte unruhigem Seegang ganz anders entgegensehen.

Lebensfilm 3: Valentina

Die Klientin, die ich Valentina nenne (Bedeutung des Namens „gesund und stark"), hatte ebenfalls Interesse, in der Rückschau ihre persönlichen Erfahrungen mit den sieben Strategien festzuhalten. Bei ihr bewirkte der Regieansatz tatsächlich nachhaltige und auch für sie selbst „beeindruckende Veränderungen", wie sie mir zurückmeldete. Das Beispiel mit der Wasserpfeife (Seite 106) war nur eines von vielen aus ihrem neuen und wachsenden Erfahrungsschatz. Valentina hatte sich mit Mitte 30 entschieden, eine Therapie zu machen, um ihr Leben aufzuräumen. Ins Coaching kam sie viele Jahre später, weil sie sich Unterstützung, Strategien und konkrete Werkzeuge für ein selbstverantwortliches Leben wünschte. Ihre Selbststeuerungsfähigkeit hatte sie in der Therapie erworben, jetzt wollte sie das passende Fahrzeug, das sie steuern konnte: den Filmbus mitsamt Regisseurin und Equipment.

1. Ich wähle die Genres

Drama – das war das Genre, das mir einfach immer sehr vertraut in meinem Leben war. Ich bekam schon als junge Erwachsene Rückmeldungen von Freunden dazu. Die haben mich damals schwer getroffen, aber ich musste sie abwehren und ausblenden. Ein sehr guter Freund hatte mich besonders deutlich provoziert: „Wenn du nicht leiden kannst, fehlt dir doch etwas im Leben, oder?!" Dieser Satz verfolgte mich all die Jahre. Ganz verdrängen ließ er sich schwer. Heute weiß ich, dass Dinge, denen ich so deutlich und vehement Resonanz gebe, beachtenswert sind. Besonders meine Beziehungen standen unter dem Drama-Aspekt. Leider fühlte ich mich lange Zeit außerstande, die Zusammenhänge zu erkennen, die mich immer wieder solche Dramen inszenieren ließen. Mir war auch unklar, dass ich mir immer die passenden Männer für die Dramen castete – ebenso wie umgekehrt auch diese Männer mich aus ihren eigenen Motiven und Gründen für die Hauptrolle an ihrer Seite besetzten. Manche dieser Zusammenhänge wurden mir erst viel später in meiner Therapie klar.

Meine Dramen hatten meistens mit Männern zu tun. Aus heutiger Sicht sehe ich es so, dass ich beziehungssüchtig war. Eine Begegnung ragte in ihrer Destruktivität besonders heraus. Dieser Mann in meinem Leben hat mich fast im buchstäblichen Sinne um den Verstand gebracht. Ich war so am Ende, so sehr am Boden zerstört, dass ich kurz davor stand, mich selbst in eine psychiatrische Klinik einzuweisen oder mir wahlweise etwas anzutun. Körperlich und seelisch war ich nach Jahren des Raubbaus an meinen Kräften und meiner Substanz ein Wrack, denn im Schlepptau der Tragödie, einen (wieder einmal) gebundenen Mann zu lieben, hatte ich immer wieder Alkohol- und Nikotinexzesse. Dass meine Bezie-

Beziehung als krankmachende Sucht

hung zu ihm selbst eine gefährliche, krankmachende Sucht war, begriff ich damals auch noch nicht. Ich rutschte nur einfach von Jahr zu Jahr immer tiefer in die Abhängigkeit hinein.

Ich lernte den Mann im Internet kennen, in einem Chatroom. Noch am selben Abend telefonierten wir zum ersten Mal. Er lebte 300 Kilometer von mir entfernt. Ich war sofort gebannt von seiner Stimme, hin und weg von der Art, wie er mit mir sprach, er schien so liebevoll, sensibel und ich vertraute ihm von der ersten Sekunde. Wir telefonierten ab da täglich, immer stundenlang, oft bis in den frühen Morgen bis ein oder zwei Uhr. Dazwischen flogen unzählige SMS zwischen unseren Handys hin und her. Er erzählte mir, dass er wie ich geschieden sei und eine Tochter habe. Ich hatte keinen Grund daran zu zweifeln, denn wenn ich etwas zu einem anderen Menschen sage, entspricht es ja auch den Tatsachen. Warum also davon ausgehen, dass es beim anderen eine Lüge ist? Außerdem dachte ich bei all unseren stundenlangen Telefonaten zu den extremen Uhrzeiten, dass er einfach ungebunden sein müsse ...

Die Wahrheit erfuhr ich erst Monate später, als ich zum ersten Mal in seine Stadt kam. Zuvor hatte er mich mehrmals besucht. Wir waren aus dem Kino gekommen und da es in Strömen regnete, schlug ich vor, ein kleines Hotel zu suchen und dort zu übernachten, statt bei dem Mistwetter noch die 70 Kilometer in seine Kleinstadt zurückzufahren. Die Idee fand ich sehr romantisch. Er hingegen reagierte total abweisend und sagte, das ginge nicht. Ich verstand seine Reaktion überhaupt nicht und war entsprechend enttäuscht. Im Auto hüllte ich mich in beleidigtes Schweigen. Er bemerkte meine Enttäuschung natürlich. Schweigend fuhren wir zurück. Nach über einer Stunde in seiner Stadt angekommen, fuhr er an einen See und parkte das Auto. Dort gestand er mir unter Tränen, dass er mir etwas verschwiegen habe ... Er könne die Nacht gar nicht mit mir verbringen, weil er nach Hause zu seiner Familie müsse. Ich starrte ihn an, völlig fassungslos, und begann am ganzen Körper zu zittern. Nein, das konnte, das durfte doch einfach nicht wahr sein ... Ich hatte ihm doch vertraut.

Doch, es war wahr. Er hatte eine Frau, die zweite, „sein Trennungsgrund" von der ersten und er hatte noch ein Kind mit dieser Frau ... Ich fuhr sofort los – es war mittlerweile fast vier Uhr morgens – völlig aufgelöst und aufgepeitscht raste ich über die Autobahn die 300 Kilometer zurück nach Hause. Noch heute frage ich mich, wie ich dazu überhaupt in der Lage war. Von meinem Handy aus sprach ich unterwegs unter Tränen auf seine Handy-Mailbox und hinterließ ihm, dass er mich nie wieder anrufen solle, dass alles vorbei wäre... Zu Hause angekommen, es war morgens sieben Uhr, betäubte ich mich mit einer Flasche Wein auf leeren Magen und ging dann total deprimiert ins Bett. Als ich mittags wieder aufwachte, hatte er mir mehrere Nachrichten auf dem Anrufbeantworter hinterlassen. Wie leid ihm alles täte... Dass er hoffe, ich sei gesund zu Hause angekommen ... Als ich seine Stimme hörte, fing ich wieder an zu heulen. Ich war so verletzt und traurig und gleichzeitig hatte ich solche Sehnsucht nach ihm, dass mir alles wehtat.

Ahnen Sie es? Die Geschichte war natürlich *nicht* zu Ende an diesem Punkt. Sie ging weiter und weiter. Sie ging sogar mehrere Jahre weiter. Immer wieder war Schluss, immer wieder stieß ich an meine Grenzen, denn er war auch noch ein extrem jähzorniger und hochgradig eifersüchtiger Mann. Gerade er ... Ja, natürlich er! Er wusste ja, was er selbst tat, und das unterstellte er mir. (Ich hatte übrigens immer das Gefühl, dass ich nicht seine einzige „Nebenfrau" war. Auch wenn er das immer abstritt, ich glaube meine Intuition war auch in diesem Punkt richtig.)

Heute weiß ich, dass ich abhängig von ihm war. Ich war ihm sogar hörig und ich war auch süchtig nach dem Leid und den Demütigungen, die er mir zufügte. Durch ihn bescheinigte ich mir immer und immer wieder, was ich **Süchtig nach Leid** im tiefsten Inneren von mir selbst dachte: dass ich nicht liebenswert sei.
Diesen Schmerz kannte ich so gut, er war mir so vertraut von früher. Natürlich hielt ich meine Gefühle, diese Intensität, alles das für Liebe, die größte und tiefste Liebe meines Lebens. Doch wie schreibt Chuck Spezzano in seinem gleichnamigen Buch: „Wenn es verletzt, ist es keine Liebe ..."
Es verletzte ...
Er verletzte mich, und wie!
Ich selbst verletzte mich, und wie?! Indem ich ihm so viel Macht über mich, meine Gefühle, meinen Selbstwert und mein ganzes Leben gab .

Für mich war auch immer sehr belastend, wie dieser Mann seine Frau behandelte. Sie ahnte die ganze Zeit, dass er wieder einmal eine (oder mehrere) Affäre(n) laufen hatte, sie kannte es ja gar nicht anders von ihm. Zweimal ist es vorgekommen, dass sie ihn völlig außer sich vor Wut zur Rede stellte. Beide Male verprügelte er sie daraufhin ... Sein ganzer Hass entlud sich auf sie. Er war eine wandelnde Zeitbombe, wenn es um Gefühle ging. Mir war auch elend zumute, als ich davon erfuhr, weil ich Schuldgefühle hatte und weil ich einem solchen Übergriff einmal selbst nur sehr knapp entkommen war.

Auch damals machte ich Schluss ... Um kurze Zeit später wieder zu **Abschied von** ihm zurückzugehen. Es war ein einziges Hin und Her. Ein Drama in **Beziehungsillusionen** unzähligen Akten. Ich war unglaublich leidensfähig und -willig, all das staute sich mehr und mehr auf. Erst als ich nach Jahren nur noch ein zitterndes Wrack war, das nicht mehr ein noch aus wusste, trennte ich mich endgültig von ihm und meinen Illusionen. Ich hatte all die Jahre gedacht, dass ich ohne ihn nicht mehr leben könne. Genau das Gegenteil war der Fall. „Mit ihm" und den Lügen näherte sich mein Leben mehr und mehr dem Totalzusammenbruch.

Über drei Jahre hörte ich nichts mehr von diesem Mann. Und dann rief er mich plötzlich nach all diesen Jahren wieder an, einfach so. Muss ich erwähnen, dass er gerade wieder Vater geworden war, dass sein Leben (zu) gut lief? Er säuselte in mein Ohr, so, als ob nichts wäre. Er erzählte auch etwas von den schönen Zeiten, die wir hatten. Wie bitte?! Ich war tatsächlich sprachlos ... Mein allererster Gedanke: „Das Leben prüft nun nach, ob du diese Unterrichtseinheit tatsächlich verstanden hast." Ich hatte ... Und obwohl ich damals seit langer Zeit abstinent gelebt hatte, obwohl ich den Sex mit ihm immer als den besten meines Lebens empfunden hatte, obwohl seine vertraute Stimme kurzzeitig einen Schalter in meinem Kopf aus- und in meinem Herzen anknipste ... Ich widerstand all dem, weil ich endlich begriffen hatte, worum es hier ging. Es ging tatsächlich um vieles, aber es ging niemals auch nur eine Sekunde um mich. Ich ließ mich nicht mehr auf diesen Mann ein. Und ich war sehr stolz auf mich.

Neuer Umgang mit dem Suchtverhalten auf verschiedenen Ebenen

Diesen neuen Umgang mit (meinem) Suchtverhalten habe ich übrigens auch auf die stoffliche Ebene übertragen: Ich bin nikotinfrei und Alkohol trinke ich auch kaum noch und wenn, dann aus Genuss und nicht, um mich zu betäuben. Ich halte mich aus. Mehr noch: Ich habe begonnen, mich zu mögen und auf mich selbst Acht zu geben. Ich weiß heute auch, dass wir andere Menschen nur lieben und respektieren können, wenn wir uns selbst lieben und respektieren. Das klingt so schrecklich banal, ich weiß, und ist gleichzeitig so wahr und verdammt schwer. Früher wollte ich Menschen unermüdlich dazu bringen, mich zu lieben, mir etwas zu geben. Ich habe sie ebenso manipuliert wie sie mich. Ich bin auch eine Meisterin im Nähespielen, weil ich vor echter Nähe große Angst habe. Nur heute weiß ich das alles.

Veränderungen

Ich hatte mich 1995 nach mehrjähriger Ehe getrennt. Seither lebe ich ohne Partnerschaft mit meinen beiden Söhnen. Ein fatales „Händchen" bei der Auswahl meiner Lebens- und Intimpartner hatte ich schon immer, das zieht sich durch mein ganzes Leben. Ja, ich bin auch eine dieser Frauen, denen man die tiefen Selbstzweifel äußerlich niemals angemerkt hat: beruflich erfolgreich, gebildet, attraktiv ... Das war meine Tarnung, hinter meiner vermeintlichen Stärke und Power habe ich mich all die Jahre versteckt. Durch eine schwere Krise bekam die Tarnung Risse und ich bin so tief gefallen, dass dieser Schock in letzter Konsequenz für mich gesund und heilsam war. Was nicht heißen soll, dass ich heute gebundenen Männern gegenüber immun bin.

Bindungsunfähige Männer als Thema

Veränderungsprozesse brauchen immer (sehr viel) Zeit. Und die (Selbst-)Erkenntnis ist ja auch nur der erste Schritt zur Verbesserung der eigenen Lebenssituation: Mein Thema sind und waren seit jeher bindungsunfähige Männer mit panischer Angst vor Nähe und Intimität (Papi lässt grüßen ...), und solche Männer finden sich ja oft gerade unter den Fremdgehern. Dass ich aus meiner eigenen Geschichte heraus selbst panische Angst vor Bindung und echter Nähe habe und diese Männer nur der Spiegel meines Innenlebens sind und waren, habe ich viele Jahre lang überhaupt nicht verstanden. Das wollte und konnte ich nicht wahrhaben. Es war doch viel leichter für mich, zu leiden und mich als Opfer zu fühlen ... Das hieß immer auch, die Verantwortung für meine Erfahrungen anderen zuzuschieben.

In den vergangenen Jahren habe ich immer besser gelernt, alleine gut zurechtzukommen. Nur dass ich leb(t)e wie eine Nonne in einem noch relativ jungen Körper (ich bin 48) ... das macht(e) mir phasenweise immer wieder schwer zu schaffen.

Ein Buch, das in meinem Leben einen wichtigen Anstoß gegeben hat, ist der Klassiker: „Wenn Frauen zu sehr lieben" von Robin Norwood. Dieses Buch war ein großer und wertvoller Durchbruch für mich. Endlich begriff ich, was sich seit jeher da in unterschiedlichster Besetzung auf meinem Lebensfilmset an Dramen abgespielt hatte. Das Beispiel einer Frau hatte mich besonders bewegt und erschüttert. Sie hatte ihr Leben lang Beziehungen mit Männern, die ganz offensichtlich unpassend für sie waren. Als sie ihren Lebensgefährten in ein Krankenhaus zum Alkoholentzug bringt, nimmt das Klinikpersonal sie zur Seite und macht ihr unmissverständlich klar, dass auch sie ein massives Problem habe und sich in einem destruktiven und unheilvollen Kreislauf als Co-Alkoholikerin befinde. Damals, in dieser Geschichte von Celeste, erkannte ich mich selbst und wesentliche Teile meines Lebens wieder. Damals entstand bei mir auch der Wunsch, zum ersten Mal mein Leben bewusst selbst in die Hand zu nehmen und die verborgenen Muster, nach denen ich lebte, sichtbar zu machen. Wenn ich mein Muster erkenne, wenn ich weiß, was ich aus welchen Bedürfnissen und Gründen mache, kann ich es auch verändern.

Ich habe mit 48 Jahren endlich beschlossen, andere Genres zu realisieren als Dramen. Da ich sehr gerne und neuerdings auch wieder sehr viel lache, fand ich, es wäre an der Zeit für mehr Spaß und Leichtigkeit in meinem Leben. Komödie gefiel mir als Genre viel besser und eine Romanze wünschte ich mir noch dazu, eine echte dieses Mal. Denn eine richtige, tragfähige Liebesgeschichte war mir leider bis dahin verwehrt geblieben. Besser gesagt: Ich habe sie mir bis dahin aufgrund meiner eigenen, tief sitzenden Ängste selbst verwehrt.

Romanze oder Komödie als neue mögliche Genres

Heute habe ich ganz andere Vorstellungen von einer Romanze als früher. Ich bin auch beim Träumen mehr auf dem Boden. Statt der „ganz großen Gefühle" und Achterbahnfahrten sehe ich auf meiner mentalen Leinwand einen Liebesfilm, in dem das gemeinsame Lachen im Vordergrund steht. Kommunikation ist mir sehr wichtig – ja, wichtiger als alles andere, kann ich heute sagen.

2. Ich schreibe das Drehbuch

Bei der Übung „Die große Tragik meines Lebens" ist für mich herausgekommen, dass mein größter Wunsch in diesem Leben ist, eine echte Liebesbeziehung fernab von Drama und Achterbahnfahrten zu (er)leben. Ich meine damit eine tragfähige, konstruktive Beziehung, die von gegenseitigem Respekt und Liebe getragen ist. Dies war mir wichtiger als alles andere. Die Tatsache, dass ich bisher eine gesunde Partnerschaft nur aus Erzählungen und Beobachtungen anderer kannte, empfand ich als großen Verlust für mein eigenes Leben. Leider hatte ich hier sehr negative Rollenmodelle aus meiner Kindheit. Es gibt ein paar Träume, die ich mir in der Auseinandersetzung mit dem Drehbuchentwurf meines Lebens ebenfalls wieder ans Licht geholt habe. Mein Fokus liegt jetzt vor allem auf dem Partnerthema.

Dabei glaube ich fest daran, dass es den für mich passenden Mann gibt und dass ich ihm begegne. Ich habe mich bei verschiedenen hochwertigen Singlebörsen angemeldet. Dort erlebe ich immer wieder, wie Menschen andere Menschen nach dem „Supermarktprinzip" behandeln: raus aus dem Regal, rein ins Regal, dahinten, das ist besser, schöner … Trotzdem bleibe ich am Ball. Ich bin einfach entschlossen, diese Erfahrung in mein Leben zu lassen. Jeder Misserfolg bringt mich meinem Erfolg näher. Ich spüre und weiß einfach, dass sich dieser Lebenstraum erfüllt.

Jeder Misserfolg führt näher an den Erfolg heran.

Der Plot aus heutiger Sicht sieht so aus: Ich begegne einem Mann, der sehr viel Humor hat und der das echte Selbstbewusstsein besitzt, eine starke Frau an seiner Seite zu bejahen und zu lieben. Unsere Beziehung trägt den Titel „Best Friends and Lovers", ich mag auch das Wort „Gefährten" sehr. Mit diesem Mann verbindet mich ein gemeinsames berufliches Engagement. Gemeinsam kaufen wir uns ein Haus am Meer, wo wir abwechselnd mit Deutschland leben und arbeiten. Wir reisen viel zusammen. Er und ich sind beide Macher, die sich zusammen auch weiter entwickeln, weil dies ein wichtiger Aspekt der Beziehung ist. Wir lieben und stemmen gemeinsame Projekte. Unsere Träume erfüllen wir uns zusammen.

3. Ich besetze meine Darsteller

Gerade im Hinblick auf meinen großen Wunsch, dem Plot „meiner Liebe begegnen",
hat meine innere Casting-Agentin einiges zu tun. Es sprechen immer wieder Männer
vor, die alte Saiten anklingen lassen. Ich bin nach wie vor empfänglich für Typen mit
großen Bindungsproblemen und Angst vor Nähe. Da setzt sich ein sehr alter Mechanismus in Gang. Heute bin ich mir darüber bewusst und sehr achtsam im entscheidenden
Augenblick. Das hat mein Verhalten verändert und entsprechend neu geprägt.

Wo mein Thema früher war, um Männer zu kämpfen, die (an mir) desinteressiert waren oder so taten, lasse ich heute los. Ich erkenne die Vorboten der Dramen und ent-
scheide mich ganz bewusst dagegen.

Der Wunsch, Menschen in meinem Leben einen Platz zu geben, die mir guttun, die
mir auch etwas geben, hängt eng mit der relativ neu erwachten Liebe zu mir selbst zusammen. Jahrelange Kämpfe um unerreichbare Männer hatten die Aufgabe, mir am
Ende immer wieder neu zu bestätigen: Du bist und bleibst unliebenswert! Ich selbst
war unfähig, mich zu lieben. Die Männer an meiner Seite übernahmen nach außen
diese Rolle für mich. Es verblüfft mich, wie viele Jahrzehnte meines Lebens ich gebraucht habe, um das zu realisieren. Das Prinzip ist einfach, es anzunehmen und zu erkennen, war für mich schwer.

Heute ist es ein anderes Gefühl, der inneren Casting-Agentin über die Schulter zu sehen. Früher war die einzige Frage, die ich mir stellte: „Will derjenige die Rolle überhaupt? Macht sie ihm Spaß? Gefällt ihm der Film?" Heute hat es sich
umgekehrt. Ich frage, ob der Mensch in meinen Film passt. Gefällt mir **Passt der Mensch**
der Film mit diesem Menschen? Passt die Rolle für ihn? Füllt er sie gut **in meinen Film?**
und überzeugend aus?

Vor einem Jahr hatte ich einen Mann kennengelernt, der auf den ersten Blick einfach
wundervoll war. Er war charmant, eloquent, voller Charme und Esprit. Ich hatte
gleichzeitig meine Sensoren auf Empfang gestellt und nahm die eine und andere Information wahr, die mich irritierte. Nach relativ kurzer Zeit stellte sich für mich heraus, dass dieser Mann auf eine sehr verletzende und brüske Art kommunizierte. Er
weigerte sich auch, seine eigenen Anteile an schwierigen Situationen zu sehen. Früher
hätte ich mich in eine dramatische Beziehung mit diesem Mann gestürzt. Doch ich

traf damals ganz bewusst die Entscheidung, es zu lassen. Ich fühlte mich zu oft niedergeschlagen und ohne Respekt behandelt. Die Konsequenz lag darin, mich selbst gut, liebevoll und mit Respekt zu behandeln, indem ich mir dieses emotionale Leiden ersparte. Der Mann war der Falsche für mich und meine Bedürfnisse. Für eine andere Frau war er vielleicht mit seiner Rigidität ein wichtiger Lehrmeister, um sie an die Grenzen ihrer Leidensfähigkeit zu bringen. Ich bin fest davon überzeugt, dass es falsche Männer zur richtigen Zeit gibt, wenn wir etwas lernen wollen (und sollen). Diese Lektion hatte ich zu meinem großen Glück schon gelernt und konnte damit die Rolle neu besetzen, statt mich an der Seite eines unpassenden Hauptdarstellers zu quälen.

Es gibt die falschen Männer zur richtigen Zeit.

4. Ich setze Licht

Mein Licht neu zu setzen, ist ebenfalls eine Analogie, die mir sehr in meinem Alltagsleben hilft. In der konkreten Situation frage ich mich sofort: Wie kann ich es noch anders beleuchten? Licht setzen ist für mich immer damit verbunden, die Perspektive zu wechseln, auf dem Set herumzulaufen und die Dinge anders zu betrachten als vorher. Es gibt für jede Wahrnehmung einen anderen Standpunkt. Diesen zu sehen, setzt nur meine bewusste Entscheidung voraus, es zuzulassen und zu wollen. Mein innerer Regisseur gibt diese Anweisung, anders, näher, heller „hinzuleuchten".

Perspektivwechsel

Dazu kann auch gehören, das Licht zu wechseln. In Kommunikationen, in denen ein Mensch mich mit Du-Botschaften oder verbalen Attacken angreift, liegt der Fokus für mich heute ganz klar auf diesem Menschen. Wenn ich in meinen Gedanken den Spot auf ihn richte, sehe ich ihn auch im Mittelpunkt der Situation statt meiner selbst. Was bringt ihn dazu, mich anzugreifen, statt zu sagen, was in ihm vorgeht? Auch diese Vorstellung oder Fantasie hilft mir immer wieder, ruhig und besonnen zu bleiben. Ruhe hat sich zu einem der Schlüsselelemente in meinem Leben entwickelt. Ruhe ist für mich auch sehr an Licht und Beleuchten gebunden. Je heller alles vor mir liegt, umso eher habe ich das Gefühl, mich in einer Situation sicher zu fühlen. Panik und Angst entstehen für mich eher, wenn ich im Dunkeln tappe.

Das Schöne ist, dass es Ecken und Winkel am Set meines Lebens gibt, die ins Dunkel zurückfallen können. Wichtig ist mir, dass ich sie einmal ausgeleuchtet habe und weiß, was dort ist. Das allein nimmt mir schon die Bedrohung oder Beklemmung.

5. Ich schlage den Ton an

Mein Ton ist, wahrscheinlich eher typisch für eine Frau, abhängig von meiner Tagesform und meinem Gemütszustand. Normalerweise spreche ich eher laut als leise und mit fester Stimme. Da ich schon früh gelernt habe, meine Meinung zu vertreten – wenn es sein muss auch mit Nachdruck –, bin ich es gewohnt, mir Gehör zu verschaffen. Schattenseiten davon sind, dass ich schrill werde, wenn ich mich aufrege, oder sogar richtig anfange zu schreien.

In dem Wunsch, meinen Ton zu variieren und bewusster einzusetzen, habe ich mir auch Feedback von Freunden, Bekannten und Kollegen geholt. Ich achte in der Regel auf meine Lautstärke. Auch mein Sprechtempo, das von anderen Menschen immer wieder als „sehr" bis „zu schnell" wahrgenommen wird, beachte ich mehr als früher. Gerade wenn ich aufgeregt bin, ermahne ich mich selbst, langsamer zu sprechen. Tatsächlich machen Geschwindigkeit, Lautstärke und Intonation sehr viel aus.

Den Ton variieren und bewusster einsetzen

Menschen, die mir nahestehen, ist die Veränderung bereits von alleine aufgefallen. Sie sprechen mich sogar darauf an. Auch hier erlebe ich das neue Gestalten als Freiheit und als positives Gefühl. Jede Situation, in der ich meine Stimme normal und ruhig halten kann, statt laut zu werden, verstärkt das neue Verhalten. Es ist ein Erfolgserlebnis, aus den alten Kommunikationsgewohnheiten auszusteigen und neue zu etablieren. Auch mein Gegenüber nimmt mich ernster, wenn ich ruhig sage, was mich beschäftigt. „Wer schreit, hat Unrecht" ist ein Satz, der stimmt und wenig Veränderung bewirkt. Ich gestalte meine Hauptrolle mit allen Facetten meiner Persönlichkeit und dies hat mir auch einen besseren Zugriff auf das Repertoire meiner Sprechweise gegeben.

6. Ich balanciere alles am Set meines Lebens aus

Erfahrungen mit langen Lebensphasen ohne Balance habe ich aufgrund meiner Geschichte einige. Mir kommt es in der Rückschau auch so vor, dass gerade mein inneres Ungleichgewicht sich sehr stark im Außen manifestierte. Die Tatsache, dass ich einige meiner inneren Teammitglieder über lange Phasen in die totale Verbannung geschickt hatte, war daran wesentlich beteiligt.

Neuer Umgang mit den Themen Gesundheit und Körper

Ein Wandel in den Balancen hat sich besonders bemerkbar gemacht und Auswirkungen auf „mein Gesamtsystem" gezeitigt: der neue Umgang mit meiner Gesundheit und meinem Körper. Viele Jahrzehnte lebte ich nach der Devise „Sport ist Mord!" Ich hatte immer ein schlechtes Gewissen, weil ich sehr ungesund lebte und mich wenig bewegte. Ich hatte starkes Übergewicht, rauchte viel, trank regelmäßig zur „Entspannung" Alkohol und hatte noch dazu wenig Lust, mich gesund zu ernähren. Gleichzeitig sah ich Gesundheit als etwas an, das in die Zuständigkeit der Ärzte fällt. Die Verantwortung für mich und meinen Körper wollte ich am liebsten delegieren. Als mir bewusst wurde, dass ich durch meinen gegenwärtigen Lebensstil bereits die Qualität meines Lebens im Alter bestimme, gelang es mir, radikal umzudenken. Der erste Schritt, den ich ging, war, mit dem Rauchen aufzuhören. Das führte zu einer Reihe positiver Veränderungen in meinem Leben, die mir viele ehemalige Raucher bestätigt haben. Mit dem gesünderen Leben ohne Qualm wuchs der Appetit auf gesundes Essen. Mein Energieniveau erhöhte sich und ich verspürte ständig Lust, mich zu bewegen und Sport zu machen. Dadurch verbesserte sich meine Laune und auch meine familiär bedingte Disposition zu depressiven Verstimmungen legte sich. Ich nahm sehr viel Gewicht ab und steigerte meine allgemeine Verfassung weiter. Dies entwickelte einen solchen Sog, dass ein „Zurückfallen in alte Muster" irgendwann undenkbar schien.

Auch andere Bereiche meines Lebens gerieten in diesen positiven Sog. Ich spürte, wie ich Menschen anzog, die ähnlich mit ihrem Körper und ihrer Gesundheit umgingen. Es ist, als ob ich viel feinfühliger und besser wahrnehme, was mir schadet und was mir guttut. Im Rad des Lebens hätte ich damals, wenn ich ehrlich gewesen wäre, bei „Gesundheit und Fitness" alles leer gelassen. Heute habe und empfinde ich eine Auslastung von 8 bis 9. Das schlägt auf andere Bereiche durch.

Es lohnt sich, den berühmten inneren Schweinehund an die Leine zu nehmen und regelmäßig Gassi zu führen. Ist dieses Wohlfühlen einmal Bestandteil des eigenen Lebens, wird Sport zu einem Vergnügen statt zu einer lästigen Pflicht. Meine Einstellung dazu veränderte tatsächlich alles.

Persönliche Weiterentwicklung und Spiritualität

Hinzu kam, dass mein großes Interesse an persönlicher Weiterentwicklung und auch Spiritualität mich motivierte, viel zu lesen. Ich interessierte mich sehr für Kommunikation, Führung und die Arbeit mit

Affirmationen. Auf diese Weise gelang es mir, mein Leben bewusster zu führen und auch aus alten Denkmustern auszusteigen. Als ich schon einiges bewegt und ausbalanciert hatte, bekam ich das Buch „Simplify your Life" geschenkt. Ich begann Dinge loszulassen, die ich seit vielen Jahren mit mir herumgetragen hatte. Auch das schaffte Platz und neue Kraft für Veränderungen.

Je besser ich für mich sorge, umso ausgeglichener fühle ich mich: in Balance eben. Es ist in meiner Wahrnehmung im Grunde nebensächlich, wo wir genau anfangen, etwas zu verändern. Wenn wir es einfach machen, zieht diese Veränderung viele weitere positive Effekte nach sich. Für mich war es ein sehr schönes Gefühl, dies zu erleben.

7. Ich setze mein bewusstes Ich auf den Regiestuhl

Das Bild der inneren Regie und das intensive Arbeiten mit meiner inneren Regisseurin haben mir den Zugang zu meiner Kraftquelle erschlossen. Es war für mich, als wäre ich durch diese Analogie tatsächlich zu meinen ureigenen inneren Energiequellen vorgestoßen. Ganz wesentlich für mich ist und war die Erkenntnis, dass ich aus der Opferrolle und der damit verbundenen Spirale aussteigen **Ausstieg aus der** konnte. Dies zu fühlen und von innen heraus nachzuempfinden, war **Opferrolle** ein Schritt, der in meinem Leben viele Jahrzehnte in Anspruch genommen hatte. Solche Veränderungen brauchen Zeit. Wer behauptet, sie seien von heute auf morgen möglich, weckt Erwartungen, die sich meiner Erfahrung nach nicht realisieren lassen. Ich fand es besonders wichtig, geduldig mit mir selbst zu sein und auch Nachsicht zu zeigen, wenn ich in alte Muster zurückfiel. Hier liegt ein wesentlicher Stolperstein. Wer zu ungeduldig mit sich selbst und seiner Entwicklung ist, gibt oftmals alle Veränderungswünsche komplett auf. Dies kann zu neuen „Ehrenrunden" auf der Überholspur destruktiven Verhaltens führen. **„Ehrenrunden" auf der** Natürlich hilft es auch, sich selbst wie in einem Mantra zu sagen, dass **Überholspur destruktiven** der Weg leicht und unbeschwert ist. Das schließt kleinere „Rückfälle" **Verhaltens** ja nicht aus.

Meine innere Regisseurin ist für mich heute eine Mentorin und so etwas wie meine beste Freundin. Ich nehme sie ernst, ich höre ihr sehr genau zu und verlasse mich auf meine Intuition, der sie immer aus dem Augenblick heraus ihre Stimme leiht. Wenn Menschen früher davon sprachen, in ihrer eigenen Mitte zu sein, konnte ich damit nichts anfangen. Durch diese Kooperation mit meinem inneren Team unter der Regie meiner inneren Direktorin weiß ich, was mit diesem Ruhen-in-Sich gemeint ist.

Schlüsselqualifikationen meiner inneren Regisseurin sind: Loslassen und Aushalten. Beides waren tatsächlich langwierige und schmerzvolle Lernprozesse für mich. Impulse sind (Lebens-)Energie. Diese Energie kann ich endlich wandeln und zielgerichtet einsetzen.

Das Kennenlernen meiner inneren Teammitglieder hat mich ebenfalls viel gelehrt: Meine am stärksten präsente innere Energie war „die Ohnmächtige". Was in meinem Leben völlig fehlte, war der Gegenpol der Machtvollen, der Gestalterin, meiner inneren Regisseurin eben. Ich denke, dass mich dieses Bild deshalb auch von Anfang an gepackt hatte. Die Ohnmächtige fühlte sich prinzipiell Situationen und Menschen hilflos ausgeliefert. Das lockte eine weitere Primärkraft an, die viel Macht in meinem Leben an sich riss: die Wütende. Ohnmacht und Wut haben sich in meinem Berufsleben ebenso widergespiegelt wie in meinem Privatleben. Diese Energien hatten noch Trotz im Schlepptau, Verweigerung und innere Kündigung. In Beziehungen war mein großes Thema, Kontrolle auszuüben und um Liebe sowie Anerkennung zu buhlen und zu kämpfen. Der Hang zu gebundenen Männern kam nicht von ungefähr. Anstrengend, sich von solchen Kräften fernsteuern zu lassen. Ruhe vermied ich und jede Gelegenheit, in einen entspannten Zustand zu kommen, empfand ich als ausgesprochene Bedrohung. Ich wollte das große Drama, den Aufruhr, das Theater ... Einer der wesentlichen Gründe war, dass ich mich in meiner Ohnmacht und Wut schon schrecklich einsam fühlte. Dem, was darunter lag, wollte ich unbedingt entfliehen. Ich habe in meiner Therapie begriffen, dass die ständige Wut mich vor meinem Primärgefühl der verzweifelten Verlassenheit und großen Einsamkeit schützen sollte. Unter dieser Wut und Verlassenheit lag eine Art Todesangst. In der Rückschau sehe ich in ihr vor allem eines: eine alte Angst vor dem Leben und Lebendigsein.

Angst vor dem Leben und Lebendigsein

Heute bin ich und fühle ich mich lebendig und nehme das an, was ist. Die Todesangst ist aus meinem Leben verschwunden. Diese Jahre meines Lebens, in denen ich viel gelitten habe, waren gleichzeitig wertvoll für mich, weil ich mich erst durch den immensen Leidensdruck entwickelt habe. Auf meinem Regiestuhl sitzt heute ein waches, sehr bewusstes Ich. Und wenn sich meine alten Primärenergien zwischendurch auf den Stuhl mogeln, was regelmäßig vorkommt, merke ich es sehr schnell. Im Coaching habe ich trainiert, der Verantwortung für mich und mein Leben Gestalt und Form zu geben. In der Therapie habe ich mir die grundlegende Fähigkeit erarbeitet, überhaupt „Ja" zu meiner Eigenverantwortlichkeit zu sagen, indem ich mich meinen Mustern und blinden Flecken stellte. Der leidensbedingte Wunsch, vom Opferdasein Abschied zu nehmen, war der erste Schritt in einem langen und aufregenden Prozess. Dieser Prozess ist in vollem Gange und er geht weiter, solange ich lebe.

9. Regie kompakt – meine wertvollsten Regie-Tipps

Alle meine Anregungen haben mit Achtsamkeit und daher auch Achtung zu tun: gegenüber uns selbst und damit auch gegenüber anderen Menschen in unserem Leben. Es geht um das bewusste Wahrnehmen der eigenen Verhaltensweisen. Veränderungen brauchen Zeit. Daher ist es gut, wenn Ihr innerer Regisseur Ihren Antreiber, Ihren Perfektionisten und den Kritiker von Anfang an im Zaume hält und in Ihr Gesamtteam integriert – als Einzelmitglieder unter Gleichen statt als Anführer. Glauben Sie mir, jeder dieser drei Darsteller Ihres inneren Teams will alles Mögliche, vor allem aber die Macht über Ihr Leben behalten. Rechnen Sie also mit Gegenwind und sehen Sie diesen als Bestätigung, dass sich die Veränderungen lohnen, weil Sie Ihnen etwas Entscheidendes bringen: Freiheit von einer inneren Tyrannei. Befreien Sie Ihre inneren Energien – und in diesem Wort Energie steckt auch das Wort Regie.

1. Achtung Dialogregie!

Veränderungen rund um die eigene Sprache und die Form, sich auszudrücken, halte ich für die effektivste Methode, im Alltag Neues zu verankern. Erfolge zeigen sich gerade hier sehr schnell. Besonders vor dem Hintergrund, dass unsere Gedanken wesentlich bestimmen und ausdrücken, wie wir über uns selbst, über andere und das Leben denken, kann alleine diese Veränderung schon Erstaunliches bewirken. Das Schönste daran ist, dass Sie umgehend und sofort überall damit beginnen können. Sie brauchen dazu nur Ihr Gehirn, das sowieso im Dauereinsatz ist und Sie den ganzen Tag mit Gedanken befeuert. Sehen Sie Ihre Telefonate und Gespräche sowie Ihre Korrespondenz jeden Tag als Übungsfeld. Vereinbaren Sie mit sich selbst ein paar klare Regeln und seien Sie dann achtsam, wenn Sie sprechen. Das gilt auch für Ihre Gedanken- und Selbstgespräche. Wenn Sie Ihre Sprache und Ihren Ausdruck verändern, verändern sich Ihre Ausstrahlung und damit automatisch andere Dinge in Ihrem Leben und in Ihren Beziehungen. Probieren Sie es doch einfach einmal aus. Es ist ganz harmlos.

Einige Sprachregeln

Ich habe mir für mich und meine Kommunikation folgende Sprachregeln aufgestellt und mich auf Achtsamkeit programmiert, wenn ich sie verletze:

1. Ersetzen von Verneinungen wie „nicht", „nein", „kein"..., da ich sonst immer das betone und in den Mittelpunkt stelle, was ich doch angeblich „nicht" will.

2. Weglassen von „eigentlich". Wenn ich doch „eigentlich" sage, thematisiere ich es sofort in dem Gespräch: „Warum sage ich schon wieder ‚eigentlich'? Okay, noch einmal von vorne, der Satz ohne ‚eigentlich'." Und dann wiederhole ich den ganzen Satz. Gleichzeitig merke ich mir das Thema, um darüber nachzudenken. Denn ‚eigentlich' kann auch ein wertvoller Indikator dafür sein, dass wir in einem Thema ambivalent sind. Daher ist es wichtig, dieses Wörtchen zu beachten. Alleiniges Vermeiden ist eher kontraproduktiv, weil solche Hinweise dann entfallen.

3. Verzicht auf „man", besonders in Kombination mit „man soll", „man muss", „man darf nicht"... Achten Sie einmal darauf, wie viele Menschen mit diesem „Man" operieren. Ich frage dann meistens: „Wer ist ‚man'?" oder „Wer spricht da aus Ihnen?" Das löst im ersten Moment häufig Irritationen aus. Danach bekomme ich allerdings oft die Rückmeldung, dass der Hinweis und Gedankenanstoß wertvolle Prozesse ausgelöst habe.

4. Verzicht auf „ich muss", „ich soll", „ich darf nicht". Mein Motto dabei: „Ich muss nur sterben!" (Gut, die eine oder andere lebensnotwendige körperliche Bedingung gibt es auch noch, ich gebe es augenzwinkernd zu ...)

5. Verzicht auf „Ich hoffe" und Ersatz durch „Ich wünsche dir ..." oder „Ich wünsche mir ..."

6. Verzicht auf „Ich versuche ..." Ich drücke das, was ich machen will, direkt in der Präsensform aus. Also zum Beispiel: „Ich mache regelmäßig Sport." Schon diese Aussage entwickelt eine Sogwirkung, selbst wenn die Regelmäßigkeit beim Sport noch auf sich warten lässt. Voraussetzung ist natürlich, dass ich den ernsthaften Wunsch habe, mich regelmäßig zu bewegen.

Kleine persönliche Anmerkung am Rande: Ich mache übrigens tatsächlich jeden Tag Sport: auf meinem Hometrainer oder bei schönem Wetter mit dem Fahrrad draußen. Als ich mir das Bike für die Wohnung damals gekauft habe, haben mich alle Freunde und Bekannte ausgelacht. Das war vor vier Jahren. Heute lache ich alleine: über meine täglich geradelten zwölf Kilometer.

7. Anstelle von „Du"-Botschaften – dies gilt ganz besonders für Krisen- und Streitgespräche – auf „Ich"-Botschaften zurückgreifen. Sie wissen niemals, wirklich niemals, was den anderen Menschen in seinem Kern bewegt und ausmacht. Sie wissen im bes-

ten Falle, was Sie selbst beschäftigt, worüber Sie sich ärgern oder traurig sind. Wenn Sie es wissen, sagen Sie es.

8. Hören Sie dem anderen aktiv zu und fragen Sie nach, statt Unterstellungen zu verwenden: „Du meinst also ...“ „Habe ich dich richtig verstanden, dass ...“

9. Wann immer Sie „warum?“ fragen wollen, stellen Sie lieber eine lösungsorientierte Frage. Warum-Fragen suchen Verantwortliche oder gar Schuldige für eine Situation. Warum trägt fast immer einen Vorwurf in sich.

10. Entschuldigung, ich habe eine Frage ... hier ist genau ein Wort zu viel. Sie wissen sicher sofort welches.

Ich weiß, dass es viele Seminare und ebenso viele Bücher zu diesem Thema gibt. Ich weiß auch, dass wir diese Inhalte begeistert aufnehmen, mit dem Kopf nicken, uns an die Stirn klatschen und dann ... lassen wir sie im Alltag ganz schnell wieder in unserer Mottenkiste der Bequemlichkeit verschwinden! Daher mein Tipp: **Anwenden** macht die Übung. Anwenden dieser wertvollen „Kenn ich doch alles längst“-Inhalte macht den Unterschied, versprochen. Ich habe es ausprobiert und die Resultate überzeugen mich. Das Gehirn verschaltet und verdrahtet sich neu, das Denken verändert sich langsam und stetig. Das macht etwas mit Ihrem Lebensgefühl und Ihrer Zuversicht.

2. Achtung: Casting-Agent!

Ohne Ihren inneren Regisseur geht Ihr Casting-Agent bei der Besetzung Ihrer kleinen und großen Lebensrollen meistens automatisiert vor. Ein Anzeichen dafür ist zum Beispiel, wenn Sie in Ihrem Leben schon auf einige schwierige Beziehungen zu Menschen – besonders Partnern des anderen Geschlechtes – zurückblicken. Auch immer wiederkehrende Grundkonflikte deuten darauf hin, dass Sie eine Serie inszenieren. Unbewusst wählt Ihr Agent das Vertraute. Auch Menschen mit Anteilen, die Sie bei sich selbst vermissen oder aus den unterschiedlichsten Gründen „auslagern“, bekommen die Rolle eher. Natürlich läuft auch diese Selektion meist unbewusst. Die Frau oder der Mann mit dem Helfersyndrom besetzt Hauptrollen gerne mit „Bedürftigen“.

Der Ordnungsfan fühlt sich vom sorglosen Chaoten angezogen. Der Bindungsängstliche gerät auffallend oft an jemanden, der klammert. Diese gegenpolare Anziehung ist eine Variante. Wichtig ist, ob Sie selbst das Gefühl haben: „Ich bin mit der Auswahl meiner Darsteller glücklich. Ich habe in meinem Leben ein gutes Händchen für Menschen, die ich in mein Leben einlade." Wenn Sie dieses Gefühl vermissen, kann ein bewusster Blick über die Schulter Ihres inneren Casting-Agenten sehr wertvoll sein.

Für mich ist eines der großen Geheimnisse für tragfähige Casting-Entscheidungen das Kennenlernen des eigenen inneren Teams. Wo in Ihnen hat sich Ihr Bedürftiger versteckt? Haben Sie ihn völlig verbannt? Wo ist Ihr eigener Chaot? Lernen Sie diese Anteile kennen, denn Sie haben Sie in sich. Es ist wie mit dem Licht und dem Schatten: Jede Energie in uns hat auch eine gegenpolare Energie. Je besser ich meine Darsteller und Protagonisten kenne, umso besser kann ich meine Persönlichkeit ausbalancieren. Besonders wenn eine Partnerschaft gerade gescheitert ist, ist es wichtig, sich Zeit für sich zu nehmen und einmal genau hinzusehen und hinzuspüren, was da los war. Sein inneres Team zusammenzubringen bedeutet auch, Frieden mit sich selbst, den eigenen Energien zu schließen.

Sehen Sie sich Ihren Freundes- und Bekanntenkreis in Ruhe an. Sind Sie zufrieden, mit den Beziehungen, die Sie dort führen? Was stört Sie? Was mögen Sie? Mit welchen Menschen in Ihrem Berufsleben sind Sie besonders verbunden? Das kann auch durchaus im Sinne von „Abneigung" oder „Antipathie" sein, beides sind ja ebenfalls Formen einer Beziehung und Verbindung, selbst wenn diese sich belastend oder negativ auswirken. Ihr innerer Regisseur war, davon bin ich überzeugt, schon immer mit von der Partie. Sie haben eine innere Stimme, die Sie vor manchen Menschen warnt oder sich meldet, wenn Ihnen Erfahrungen eher schaden als guttun. Sie bewusst wahrzunehmen, darauf zu reagieren, das ist die Aufgabe Ihres inneren Regisseurs.

3. Achtung: Aufnahme ...

... des roten Fadens. Der rote Faden ist seit der Antike ein Sinnbild für Orientierung und Wegweisung. Als Theseus sich ins Labyrinth des Minotaurus wagte, legte er nach der Legende einen roten Faden hinter sich aus, tötete den Minotaurus und fand – dank des „roten Fadens" – den Weg wieder heraus. Ob dies auch andersherum funktioniert? Sie visualisieren Ihren Lebenstraum als Haupthandlungsstrang Ihres Lebensfilms und führen den roten Faden von dort in ihre aktuelle Gegenwart.

Was erleben Sie als die *Essenz* Ihrer Persönlichkeit? Was macht Sie aus? Hat Ihr größter Traum auch etwas mit dieser Essenz zu tun? Wenn Sie diese Fragen in Ruhe für sich beantworten, ist es einfacher, auch das Drehbuch Ihres Lebens bewusst zu schreiben und umzusetzen. Ein Satz, der banal scheint und tausendfach ausgesprochen wird und wurde, weil er eben auch so viel Wahrheit in sich hat: Wir haben nur dieses eine Leben. Dieses bietet bei genauem Hinsehen weit mehr als reines Überleben. Es hat einen Grund, dass sich viele Bücher mit dem Thema Glück und Glücklichsein befassen. Glücklichsein ist eine tiefe Sehnsucht der Menschen. Ihr Traum, Ihre Vision trägt diesen Samen des Seins im Glück in sich. Wenn Sie diesen Samen verkümmern lassen, verkümmert auch etwas in Ihnen.

Spannen Sie Ihren roten Faden und folgen Sie ihm beherzt. Schauen Sie sich die vielen Zwänge an, denen sie verhaftet sind oder vielmehr verhaftet zu sein glauben. „Ich kann doch nicht ..." „Ich muss doch ..." „Ich darf doch nicht ..." Was spricht da aus Ihnen? Wovor genau fürchten Sie sich?

Ich selbst denke beim Thema Traum und Vision immer an die Brüder Wright und deren flugbegeisterte Vorgänger. Am 17. Dezember 1903 gelang der erste Motorflug der Welt. Wie vieles sprach gegen die Realisierung dieses Traumes?! Und doch wurde er wahr, weil Menschen an den Traum und sich selbst glaubten, das Unvorstellbare wagten. Hätte irgendein Mensch im Mittelalter gesagt, dass sich einige Jahrhunderte später tonnenschwere Eisenvögel in die Lüfte heben würden, wäre er als Ketzer verfolgt und wahrscheinlich hingerichtet worden. Und was können Sie *nicht*?

Sie überlegen und überlegen, ohne jedoch einen Traum zu identifizieren? Mir ging es vor einigen Jahren genauso. Damals war ich so in meinem Alltag gefangen, dass ich mir Träume versagte. Ich lebte in der Überzeugung, dass es für mich nur noch ums Überleben ginge. Wenn es Ihnen in Bezug auf Ihre Träume und Visionen ebenso geht, kann dies auch für Sie ein guter Zeitpunkt zum Nachdenken sein. Träume sind immer da, manchmal haben wir sie verschüttet. In meinem Leben hat die Lektüre von Paulo Coelhos „Der Alchimist" viel in Bewegung gebracht. Es ist ein Buch über Träume und wie das vermeintliche Scheitern oft den entscheidenden Schlüssel zur Erfüllung in sich trägt. Mich persönlich hat dieses Buch sehr berührt. Ich empfehle es allen, die sich mit dem Thema Träumen im Allgemeinen, mit ihren eigenen Träumen im Besonderen auseinandersetzen wollen. Auch Coelhos biografisches Interview „Bekenntnisse eines Suchenden" war für mich wegweisend in seiner Intensität und Ehrlichkeit über den Prozess des Suchens und Reisens.

4. Achtung: Licht an, Spot an!

Licht*quellen* sind auch Ursprünge für neue Sichtweisen. Mit der Beleuchtung Ihres Lebenssets haben Sie eine große Gestaltungsfähigkeit für die Wahrnehmung Ihrer Realität. Variieren Sie Ihr Licht und schaffen Sie sich neue Lampen und Glühbirnen an. Verstärken Sie die Schatten, die Sie wahrnehmen, indem Sie die dazugehörige Lichtquelle noch weiter aufhellen. Denken Sie darüber nach, dass Licht und Schatten in der Natur untrennbar miteinander verbunden sind. Wenn Sie diese Erkenntnis aus Ihrem Kopf auch in Ihre Gefühlswelt integrieren, verändert sich die Realitätswahrnehmung. Sie ist ganzheitlich. Es ist wie die Veränderung der sprachlichen Gewohnheiten. Der achtsame Umgang mit diesem Alltagsinstrument verändert, ebenso ist es mit dem Setzen von Licht.

Wenn Sie Ihren nächsten Schatten sehen, seien Sie einfach gewahr: Hier ist Schatten, etwas Dunkles. Lassen Sie es im ersten Schritt zu. Dann sehen Sie sich das zugehörige Licht an. Je dunkler der Schatten, desto heller die Lichtquelle.

5. Achtung: Requisite

Halten Sie Selbstsuggestion für Humbug? Haben Sie schon einmal ausprobiert, was es bewirkt, wenn Sie in Ihren Räumen viele lachende Gesichter ansehen? Ich bin begeistert von den langfristigen Effekten dieser Selbstbeeinflussung. In einem Buch hatte ich gelesen, dass ein lächelndes Gesicht bewirkt, dass in unserem Körper positive Hormone ausgeschüttet werden. Dasselbe geschieht, wenn wir lächeln – ja sogar dann, wenn wir uns in Wahrheit traurig fühlen. Kurze Zeit nach der Lektüre kam ich in einen Laden für Geschenke, in dem ich Kissen in Sonnenform sah: alle mit einem lachenden Gesicht. Ich fand diese leuchtend gelben Sonnen mit dem Lächeln sehr anziehend und schaffte sie mir an. Seither sind sie in der Wohnung verteilt und lächeln einfach vor sich hin. Kindisch? Albern? Für mein Wohlbefinden sind sie wichtig, weil sie eine ganz besondere Ausstrahlung für mich haben und mich beeinflussen.

Welche Gegenstände symbolisieren etwas Schönes für Sie? Wie können Sie Dinge, die Ihnen wichtig sind, materialisieren? Lassen Sie Ihrer Fantasie freien Lauf. Sind Sie tierlieb? Welche Tiere haben Sie besonders ins Herz geschlossen? Wenn Sie offen für Gedankenreisen in magische Welten sind und neugierig auf schamanische Traditionen, dann ist für Sie vielleicht auch die Bedeutung des Tieres interessant. Ich umgebe mich beispielsweise gerne mit Delfinen in den unterschiedlichsten Varianten. Sie gelten als Symbol für Kommunikation. Ein anderes Tier, das ich sehr anziehend finde, ist der Schmetterling. Metamorphose und Verwandlung sind Themen, die mich im Coaching wie im Leben intensiv beschäftigen.

Die Requisiten an Ihrem Lebensset erzählen eigene Geschichten und sie können – unbewusst oder bewusst eingesetzt – viel Einfluss auf Ihr Wohlgefühl nehmen. Daher finde ich es lohnenswert, genauer hinzusehen, wie wir unsere direkten Lebensräume gestalten. Welche Farben herrschen dort vor? Welche Materialien? Eine Wandlung von Dunkel zu Hell kann sich auch auf einer feinstofflichen Ebene vollziehen. Alles ist Energie. Wenn Sie freundliche, helle Gedanken materialisieren, sind dies Botschaften, die Sie täglich aufnehmen und speichern.

6. Achtung: Drehplan!

Wann machen Sie sich an den Drehplan für Ihr weiteres Leben? Die Übung „Universelle Videothek" (s. Seite 23) zeigt, was Sie sich wünschen oder wohin Sie wollen. Das ist die Vision. Die einzelnen Ziele, Etappen und Wege dorthin zu erarbeiten, ist der noch wesentlichere Schritt.

Ich finde im wahrsten Sinne des Wortes: Unbeschwert plant es sich am besten. Daher empfehle ich Ihnen an dieser Stelle ein Buch, das mich hervorragend beim Aufräumen und Sortieren meiner „7 Sachen" unterstützt hat: „Simplify your life" von Werner T. Küstenmacher und Lothar J. Seiwert. Besonders die erste Anregung, Ballast abzuwerfen und seine Sachen aufzuräumen, empfand ich verblüffend in der Wirkung. Auch hier bewahrheitet sich, wie effektvoll das Einfache und Naheliegende sein kann. Auch das Buch „www.ziele.de – Wie Sie Schritt für Schritt Ihre Ziele erreichen" empfehle ich Ihnen, wenn Sie sich mehr Klarheit und konkrete Anleitungen wünschen.

Entscheidend an einem guten und effektiven Drehplan sind Pausen und Innehalten. Je mehr Sie sich engagieren, umso wichtiger sind Phasen der Ruhe und des Kraftschöpfens. Nehmen Sie sich die Zeit, zu reflektieren und sich Ihr gedrehtes Material zwischendurch einmal anzuschauen? Sorgen Sie für Ihr körperliches und seelisches Wohl? Bewegen Sie sich? Ernähren Sie sich gesund und ausgewogen? Kommt Ihnen als Antwort ein spontanes „Keine Zeit" in den Sinn? Wie regenerieren Sie? Was macht Ihnen Freude? Was bringt Sie aus vollem Herzen zum Lachen?

7. Einen professionellen Coach suchen und finden

Gerade in Veränderungsprozessen, schwierigen beruflichen und/oder privaten Phasen sowie in Krisensituationen ist die professionelle Unterstützung eines seriösen Coachs wertvoll und hilfreich. In solchen Momenten ist die alleinige Arbeit an sich selbst oft begrenzt und eingeschränkt, weil eine persönliche Anspannung die subjektiv wahrgenommenen Handlungsspielräume eher verengt und zusammenzieht als erweitert. In solchen Momenten leistet das Feedback eines neutralen Beraters gute Dienste. Entscheidend in einer solchen Zusammenarbeit, einem Coaching-Bündnis, ist die Vertrauensbasis, auf der Sie und Ihr Coach zusammenarbeiten.

Einen guten Coach erkennen

Woran erkennen Sie einen professionellen Coach und wie unterscheidet er sich von den in der Branche ebenso vertretenen „Schaumschlägern und Scharlatanen"?

Ein seriös agierender Coach begegnet Ihnen auf gleicher Augenhöhe. Er oder sie legt weder Guru-Allüren an den Tag noch drängt er/sie Sie zum schnellen Unterschreiben eines Vertrages. Im Gegenteil, er gibt Ihnen eine Bedenkzeit von mindestens einer Woche, die er auch für sich selbst nutzt. Auch der Coach braucht ein gutes Gefühl, um optimal und effektiv mit Ihnen zusammen zu arbeiten. Berater, die Sie beim ersten Kontakt zu einer Unterschrift bewegen wollen, sollten unbedingt hellhörig machen.

Hören Sie auf Ihre Bauchsensoren. Wenn Ihnen auch nur eine Kleinigkeit merkwürdig vorkommt, ist dies ein ernst zu nehmendes Zeichen. Schauen Sie sich ruhig mehrere Coachs an. Wenn diese ein kostenloses Erstgespräch anbieten, kostet es Sie Zeit: eine Investition, die sich auf lange Sicht bei einer bewussten und guten Wahl tatsächlich lohnt. Eine gute und professionelle Beziehung zwischen Coach und Klient zeichnet sich dadurch aus, dass sie partnerschaftlich und von Wertschätzung getragen ist. Der Coach ist weder ein Missionar, der Ihnen erzählt, was Sie „sollen oder müssen", noch ist er ein Guru oder Erleuchteter, zu dem Sie aufblicken. Inszeniert sich ein Coach auf die eine oder andere Weise, ist dies ein schlechtes Zeichen. Ein Coach, der behauptet, mit Ihnen an jedem Thema Ihres Lebens arbeiten zu können, ist ebenfalls mit Vorsicht zu genießen. Solche „Allrounder" haben dann eher ein schwammiges Profil und von „allem ein bisschen viel Ahnung". Fragen Sie ruhig ganz direkt, was die Spezialgebiete und Haupterfahrungen Ihres Coachs sind.

In einem seriösen und professionellen Coaching-Bündnis haben Sie die Zügel in der Hand und bestimmen, worüber Sie reden und worüber Sie lieber schweigen. Wenn Sie beispielsweise Ihre Ehe oder Kinder ausklammern wollen, Ihr Coach diese Aspekte dennoch immer wieder anspricht, weil da für ihn ein Hase im Pfeffer liegt, zeugt dies von mangelndem Respekt gegenüber Ihren Wünschen und Bedürfnissen. Auch hier ist Vorsicht geboten.

Einen guten Coach erkennen Sie auch daran, dass er das Interesse hat, Ihren Prozess zeitlich überschaubar zu halten. Wenn Sie nach zwölf Monaten immer noch munter an Ihren Themen arbeiten, ist es höchste Zeit, über die Qualität des Prozesses und des Coachs nachzudenken. Profis machen sich selbst überflüssig, statt sich in „Kaugummi-Prozessen" eine feste Einnahmequelle zu sichern. Einen Coaching-Prozess können

Sie normalerweise jederzeit beenden – dies sichert der Vertrag meist zu. Ein weiteres Zeichen für einen professionellen Coach ist die Vereinbarung, dass es in jedem Falle eine Abschlusssitzung gibt, bei der das Beenden ebenso thematisiert wird wie der Gesamtprozess. Professionelle Coachs evaluieren ihre eigene Arbeit auch, das bedeutet sie erheben zur Analyse der eigenen Arbeit ein anonymes Feedback, um die eigenen Schwachstellen zu erkennen und zu beheben.

Fragen Sie Ihren zukünftigen Coach, ob er selbst für sich Coaching und/oder Supervision nutzt. Ausgeprägte Selbstreflexion ist ein wesentliches Gütezeichen eines Coaching-Anbieters. Um ein kompetentes Gegenüber in Prozessen zu sein, ist es wichtig, die eigenen „Fallstricke und Untiefen" sehr gut zu kennen. Ein professioneller Coach bildet sich regelmäßig weiter und lässt sich selbst ebenfalls beraten. Ohne externe Unterstützung durch Supervision bliebe er in seiner eigenen Entwicklung stehen.

Ein verantwortungsvoller und bewusster Coach sagt Ihnen auch offen, wenn Grenzen des Coachings erreicht sind. In manchen Fällen ist eher eine Therapie angezeigt: beispielsweise, wenn ein Klient ein Alkoholproblem hat oder unter schweren Depressionen mit Suizidgefahr leidet. Grundvoraussetzung für einen Klienten im Coaching-Prozess ist seine Selbststeuerungsfähigkeit. Dazu zählt auch, für sich zu entscheiden, wann das Coaching zu Ende ist. Dies gilt vor allem dann, wenn es unergiebig erscheint.

Bei der Auswahl des geeigneten Coachs seine Wahrnehmung zu schärfen, ist vor allem deshalb wichtig, weil sich in diesem ungeschützten Markt natürlich auch schwarze Schafe tummeln. Diese Erfahrung habe ich 2003 selbst gemacht, als ich nach einer seriösen Coaching-Ausbildung suchte. Bevor ich zur Nordwestdeutschen Akademie für wissenschaftlich-technische Weiterbildung in Osnabrück kam, geriet ich zuerst an einen Anbieter, dessen Seriosität für mich bald stark infrage stand.

Auf der Suche nach einer seriösen Coaching-Ausbildung ...

Im Herbst 2003 führte mich meine Suche nach einer seriösen Coaching-Ausbildung über Internetrecherchen zu einer Akademie, die Trainings und eine sogenannte Coaching-Ausbildung anbot. Den Link hatte eine sehr renommierte und seriöse Zeitung in ihre Online-Ausgabe gesetzt. Die Erfahrungen, die ich in der Folge mit diesem Anbieter gemacht habe, haben mir sehr markant gezeigt, wie wichtig es ist, auf sein Bauchgefühl zu achten und auch die kleinsten Unstimmigkeiten in Auftreten, Geschäftsgebaren und Vertrauenswürdigkeit ernst zu nehmen. Ich empfehle unbedingt, im Vorfeld sehr genau hinzusehen und zu prüfen, was unter dem Begriff „Coaching" verkauft wird.

Auch ich habe mich teilweise dafür geschämt, einem solchen Anbieter mit anfänglich großer Begeisterung auf den Leim gegangen zu sein – selbst wenn mir schon nach relativ kurzer Zeit massive Widersprüche zwischen den Inhalten der Seminare und dem Verhalten der Veranstalter aufgefallen waren. Diese Wahrnehmungen führten in meinem Falle zum sofortigen Ausstieg und zur Kündigung aller Verträge. Dabei bin ich auch offensiv vorgegangen: Als der Anbieter sich weigerte, mir meine angezahlten vierstelligen Geldbeträge für die sogenannte Coaching-„Ausbildung" und weitere Trainings zurückzuüberweisen, habe ich den Rechtsweg beschritten. Bereits im Vorfeld war für mich klar: Um diese für mich niederschmetternde Erfahrung in etwas Positives zu verwandeln, beschloss ich jeden Cent, den ich auf dem Rechtsweg zurückbekomme, an Kinderhilfsorganisationen zu spenden. Mit dieser „Geldwäsche" im besten Wortsinne gelang mir das auch. Der vierstellige Betrag, der zu guter Letzt wieder auf meinem Konto einging, hat es noch am selben Tag in Richtung verschiedener humanitärer Kinderprojekte verlassen.

Wie alles im Leben war auch diese Erfahrung dual – sie hatte helle und dunkle Seiten. Letztlich hat sie mich etwas gelehrt und zu einer Ausbildung geführt, von der ich sehr profitiert habe und die auch den Impuls für dieses Buch gegeben hat.

Dank

Ein besonderer Dank gilt meinen Klienten, die mir erlaubt haben, Ausschnitte aus gemeinsamen Coaching-Prozessen anonymisiert darzustellen. Coaching ist an Vertrauen und Vertraulichkeit gebunden. Daher ist und war für mich diese ausdrückliche Freigabe unabdingbare Voraussetzung.

Ich danke an dieser Stelle auch meinen Ausbildern Christopher Rauen und Andreas Steinhübel sowie den Teilnehmern der VI. Coaching-Ausbildungsgruppe. Die Arbeit mit ihnen hat mein Coaching-Verständnis nachhaltig geprägt. Insbesondere für das wertvolle Feedback von Andreas Steinhübel zu diesem Buch bin ich dankbar.

Ich freue mich, wenn Sie mir als Leser/in Feedback zu „Regie im eigenen Leben" und zu Ihren Erfahrungen mit diesem Ansatz geben. Ihre Mail erreicht mich unter: info@lebensregie.de.

Buchempfehlungen

Cameron, Julia (2000): *Der Weg des Künstlers – Ein spiritueller Pfad zur Aktivierung unserer Kreativität,* Droemer, 352 Seiten.

Carter, Steven & Sokol, Julia (200): *Nah und doch so fern – Beziehungsangst und ihre Folgen,* Fischer (Tb), 365 Seiten.

Coelho, Paulo (2006): *Der Alchimist,* Diogenes, 192 Seiten.

Hay, Louise L. (2006): *Körper und Seele,* Set mit 64 Affirmationskarten, Allegria Verlag.

Katie, Byron (2002): *Lieben was ist. Wie vier Fragen Ihr Leben verändern können,* Goldmann, 384 Seiten.

Katie, Byron (2005): *Ich brauche deine Liebe - stimmt das? Liebe finden, ohne danach zu suchen,* Goldmann, 300 Seiten.

Knoblauch, Jörg (2005): *www.ziele.de - Wie Sie Schritt für Schritt Ihre Ziele erreichen,* Gabal, 189 Seiten.

Küstenmacher, Werner Tiki mit Seiwert, Lothar J. (2004): *Simplify your Life – Einfacher und glücklicher leben,* Campus, 383 Seiten.

Norwood, Robin (2006): *Wenn Frauen zu sehr lieben. Die heimliche Sucht, gebraucht zu werden,* Rowohlt Taschenbuch, 352 Seiten.

Page, Susan (2001): *Ich finde mich toll, warum bin ich noch Single?,* Droemer, 335 Seiten .

Seiwert, Lother J. (2005): *Wenn du es eilig hast, gehe langsam – Mehr Zeit in einer beschleunigten Welt,* Campus, 192 Seiten

Selby, John (2005): *Die Liebe finden – Wie Sie Ihrem Wunschpartner begegnen (2005),* dtv, 219 Seiten.

Servan-Schreiber, David (2006): *Die Neue Medizin der Emotionen. Stress, Angst, Depression: Gesund werden ohne,* Goldmann, 336 Seiten.

Smith, Manuael (2003): *Sag Nein ohne Skrupel. Die neue Methode zur Steigerung von Selbstsicherheit und Selbstbehauptung,* mvg, 288 Seiten.

Stone, Hal (1993): *Embracing Our Selves: The Voice Dialogue Manual (1993),* Nataraj Publishing, 320 Seiten (englisches Original).

Sundermeier, Katja (2006): Die Simply Love® Strategie – Ihr Weg zur großen Liebe, Piper, 196 Seiten.

Young, Jeffrey E. & Klosko, Janet S. (2006): *Sein Leben neu erfinden,* Junfermann, 415 Seiten.

Anhang

Auszug aus einem Drehbuchskript

AUSSEN/GUTSHOF   **TAG**

Bei strahlendem Wetter und LAUTER MUSIK aus ihrer CD-Anlage fährt VANESSA (29) mit ihrem offenen Cabrio auf den Gutsparkplatz. Dort stehen bereits mehrere Autos unterschiedlicher Preisklassen. Vanessa ist perfekt frisiert, geschminkt und exquisit gekleidet: klassisch, dabei weiblich, Bein zeigend in edlen, halbhohen Pumps, mit hochwertigen Markenaccessoires wie Sonnenbrille, Armbanduhr und Handtasche. Sie sieht vollkommen anders aus als beim „Wolkenheim-Casting" in Michaels Begleitung. Vanessa klingelt am Hauptportal. Eine Hausangestellte öffnet.

> VANESSA (strahlend):
> „Guten Tag, Vanessa Wolf.
> Freiherr von Wolkenheim
> erwartet mich."
>
> HAUSANGESTELLTE:
> „Guten Tag, Frau Wolff,
> bitte folgen Sie mir."

INNEN/FOYER   **TAG**

Die Hausangestellte geht voran durch die Haupthalle in den Salon. Vanessa sieht sich offen und interessiert um, während sie ihr folgt. Sie lässt das edle, antik-modern kombinierte Ambiente der Eingangshalle auf sich wirken.

The Work©-Selbsthilfeblatt nach Byron Katie (auch unter http://www.thework.at abrufbar)

1. Ist es wahr?

Mögliche Unterfragen:
···> Was ist die Realität davon? Ist es geschehen?

2. Kannst du dir absolut sicher sein, dass es wahr ist?

Mögliche Unterfragen:
···> Kannst du wirklich wissen was am besten für seinen/ihren/deinen Weg ist?
···> Kannst du absolut sicher sein, dass du nun glücklicher wärst, wenn ...?

3. Wie reagierst du, wenn du diesen Gedanken denkst?

Mögliche Unterfragen:
···> Wie fühlt es sich physisch in dir an, wenn du diesen Gedanken denkst?
···> Wo fühlst du es im Körper? Beachte, wie sich das anfühlt.
···> Wie behandelst du andere, wenn du diesen Gedanken glaubst?
···> Mache eine Liste, was du sagst und tust.
···> Wie behandelst du dich, wenn du diesen Gedanken glaubst?
···> Wie hast du dein Leben gelebt, weil du diesen Gedanken geglaubt hast? Sei genau.
···> Wohin wandert dein Verstand, wenn du diesem Gedanken anhaftest? (Liste jeden darunter liegenden Glaubenssatz auf, der hochsteigt, und hinterfrage ihn später.)
···> In wessen Angelegenheit bist du, wenn du diesen Gedanken denkst?
···> Bringt dieser Gedanke Frieden oder Spannung/Stress in dein Leben?
···> Wenn du an diesem Glauben festhältst – was bekommst du daraus?
···> Kannst du einen Grund erkennen, den Gedanken aufzugeben (und bitte versuche nicht, ihn aufzugeben)?
···> Siehst du einen stressfreien Grund, diesen Gedanken zu halten? Sind diese Gründe wirklich stressfrei? Wie beeinflusst der Stress dein Leben und deine Arbeit?
···> ....
···> ....

4. Wer würdest du ohne diesen Gedanken sein?

Mögliche Unterfragen:
···> Wer würdest du in derselben Situation sein ohne diesen Gedanken?
···> Schließe deine Augen und stelle dir die Situation mit dieser Person vor ohne diesen Glaubenssatz. Wie fühlt sich das an? Was siehst du?
···> Wie würdest du hier sitzen – gerade jetzt – ohne die Fähigkeit, diesen Gedanken denken zu können?

···⇥ Wie würdest du dein Leben gestalten ohne diesen Gedanken?

···⇥ Wie wärst du in ....'s Anwesenheit, wenn du das nicht glauben würdest?

···⇥ Wie würdest du andere anders behandeln ohne diesen Gedanken?

···⇥ Wie anders wäre dein Leben ohne diesen Gedanken?

···⇥ ....

···⇥ ....

Dreh den Gedanken um.

(Vorstellungen können umgedreht werden auf dich, auf den anderen und ins Gegenteil, wo immer es sich wahrer anfühlt, oder wahrer für dich.)

Mögliche Unterfragen:

···⇥ Ist diese Umkehrung wahr oder wahrer als die ursprüngliche Behauptung?

···⇥ Wo erfährst du diese Umkehrung jetzt in deinem Leben?

···⇥ Wenn du diese Umkehrung leben würdest, was würdest du anders machen?

···⇥ Siehst du noch andere Umkehrungen, die ebenso wahr oder noch wahrer erscheinen?

···⇥ ....

Copyright © 2002 Byron Katie Inc. (deutsch 4.2.2003)

Humanitäres Kinderbuch:
ab 7 Jahre

Iatros Verlag, erschienen
in der Reihe *Hilfe, Helfer
und Projekte*
Softcover, 148 Seiten
10 Euro (D)
ISBN 3-937439-46-3

Der gesamte Erlös – bei Verlagsdirektbestellung € 5 pro Buch – unterstützt die dzi-geprüfte Kinderhilfsorganisation UNSERE KLEINEN BRÜDER UND SCHWES-TERN E.V. beim Engagement für Waisenkinder in Lateinamerika. Diese leben in Kinderdörfern wie in einer großen Familie, gehen dort zur Schule und sind ärzt-lich versorgt.

Eigentlich ist die elfjährige Tonia ein ganz normales Mädchen. Wenn da nicht dieses dumme Ding neben ihrer Nase wäre: eine Warze, die einfach immer wiederkommt! Zauberwarzen lassen sich nämlich nicht einfach so vom Hautarzt entfernen. Aber das weiß Tonia anfangs natürlich nicht. Eines Nachts begegnet sie der merkwürdi-gen Kröte Onja. Die erzählt ihr von einer geheimnisvollen Mission, die Tonia erfüllen muss. Und plötzlich steckt sie mittendrin in einem aufregenden Abenteuer in einer fremden Welt ...

www.HilfeFuerWaisenkinder.de
www.iatros-verlag.de

Notizen

Notizen

Notizen

Notizen

Kreative Ideen für soziale Berufe

Auf dem Weg zum Ziel

240 Seiten, kartoniert • € (D) 20,50 • ISBN 978-3-87387-631-6

REIHE: AKTIVE LEBENSGESTALTUNG • Selbstorganisation

CORA BESSER-SIEGMUND

»Mentales Selbst-Coaching«

Die Kraft der eigenen Gedanken positiv nutzen

Die Autorin präsentiert eine Fülle von praktischen Anleitungen für eine zielorientierte Lebensweise. So erfahren die Leser, wie sie Strategien zur Bewältigung von alltäglichen Problemen entwickeln können und wie sie auf diese Weise gleichzeitig lernen können, störende Verhaltensweisen schrittweise zu verändern. Ebenfalls vermittelt wird, wie sich übermäßige Stressbelastungen mit Hilfe von mentalen Methoden reduzieren lassen und wie durch Trancetechniken die Wahrnehmung vertieft und wichtige Lebensziele verinnerlicht werden können. Dieses Buch stellt die besten Techniken zur bewussten Selbstorganisation, wie z.B. Visualisieren, NLP und Selbsthypnose vor.

Cora Besser-Siegmund ist Psychotherapeutin, Lehrtrainerin und Supervisorin. Seit über 15 Jahren erarbeitet sie in ihrem Institut im Herzen Hamburgs maßgeschneiderte Interventionen für ihre Klienten.